그 생각이 없다면

당신은 누구일까요?

①

Who Would You Be Without Your Story?

Copyright ⓒ 2008 by Byron Kathleen Mitchell
English language publication 2008 by Hay House, Inc.

Korean translation copyright ⓒ 2013 by Chimmuk Books
Korean translation rights arranged with Hay House Inc.
through EYA(Eric Yang Agency)

이 책의 한국어판 저작권은 EYA(Eric Yang Agency)를 통한
Hay House Inc. 사와의 독점계약으로 한국어 판권을
'침묵의 향기'가 소유합니다.
저작권법에 의하여 한국 내에서 보호를 받는 저작물이므로
무단전재와 무단복제를 금합니다.

생각에서 해방되어 자유로워지는 바이런 케이티와의 대화

그 생각이 없다면
당신은 누구일까요? ①

Who Would You Be Without Your Story?

바이런 케이티 지음 | 캐롤 윌리엄스 편집 | 임수정 옮김

침묵의 향기

머리말

●

캐롤 윌리엄스

지난 20년 동안 바이런 케이티는 이 시대에 가장 명쾌하고 영감을 주는 영적 스승 중 한 명으로 세상에 널리 알려졌다. 그녀는 행복으로 가는 길을 전한다. 그리고 그녀를 만나는 사람들은 앞에 누가 있든 무엇이 있든 그녀가 늘 발산하는 기쁨에 곧바로 감응한다. 그러나 그녀가 말하듯이, 그녀의 스승은 고통이었다.

캘리포니아 사막의 소도시에서 건강한 자녀들을 두고 직업도 성공적이어서 만족스러운 삶을 살 수 있었던 바이런 캐슬린 레이드(모두들 그녀를 케이티라 부른다)는 우울증에 빠져 들었고, 이 우울증은 10년 넘게 계속되었다. 그녀는 점점 깊어지는 분노와 절망감으로 침실에 틀어박혀 지내기까지 했다. 마침내 그녀는 섭식장애 여성들을 위한 요양원에 가기로 마음먹었는데, 자신의 건강보험으로 갈 수 있는 곳이 그곳뿐이었기 때문이다. 어느 날 요양원 다락방에서 깨어난 그녀는 모든 고통이 사라져 버렸다는 것을 알아차렸다. 그 자리에는 이제껏 한 번도 경험해 보지 못한 기쁨이 들어차 있었다.

내 생각을 믿으면 고통을 받고, 그 생각을 믿지 않으면 고통 받지 않는다는 것을 나는 깨달았습니다. 이것은 모든 사람에게 진실이었습니다. 자유는 그처럼 단순한 것이었습니다. 고통은 선택하는 것이라는 사실도 알게 되었습니다. 나는 내 안에서 기쁨을 발견했고, 그 기쁨은 한순간도 사라진 적이 없습니다. 그 기쁨은 늘 모든 사람 안에 있습니다.

영적으로 깨어날 때 경험한 그녀의 독특한 점은, 깨어나는 순간 지극한 가벼움을 유지하는 방법을 발견했다는 것이다. 그녀가 후에 '생각 작업'(The Work)이라고 부르게 된 네 가지 질문과 뒤바꾸기는 이미 그 순간에 존재했다.

케이티는 자신이 경험하는 기쁨과 맑음을 다른 사람들도 누구나 경험할 수 있다는 것을 알았다. 그리고 자신을 찾아오는 많은 사람에게 자기탐구의 방법을 나누기 시작했다. 케이티의 주된 깨달음은 화, 외로움, 두려움 등 모든 고통스러운 감정을 겪는 원인은 진실하지 않은 생각을 믿기 때문이라는 것이다. 그 생각이 무엇인지 알아차린 뒤, 케이티가 발견한 질문들을 이용해 그 생각을 조사하는 것에는 놀라운 힘이 있다. 이 힘은 직접 '생각 작업'을 해 보기 전에는 알 수가 없다.

　혼자서 하든 다른 사람들과 함께 하든 '생각 작업'을 할 때는 먼저 스트레스를 일으키는 생각들을 찾는다. 그렇게 찾은 생각 중 하나가 만약 "남편은 나를 사랑하지 않아"라는 생각이라면, 우선 그 생각을 '이웃을 판단하는 양식'(부록 참고)에 쓴다. 그리고 아래의 네 가지 질문을 이용해서 그 생각을 조사한다.

　그게 진실인가요?
　당신은 그게 진실인지 확실히 알 수 있나요?
　그 생각을 믿을 때 당신은 어떻게 반응하나요?
　그 생각이 없다면 당신은 누구일까요?

　다음에는 그 생각을 정반대의 문장들로 뒤바꾸어 본다. 예를 들어 원래의 문장을 "나는 나를 사랑하지 않아", "나는 남편을 사랑하지 않아", "남편은 나를 사랑해"와 같은 문장들로 바꿀 수 있다. 그 뒤에는 각각의 뒤바꾸기가 원래의 생각만큼 진실하거나 더 진실할 수 있는 세 가지 예를 찾아본다.

　이 책에 있는 대화들은 고통 받는 사람들이 이 질문들에 천천히 정확하게 답을 해 나갈 때 어떤 일들이 일어나는지를 보여 준다. 이 대화들은 미국과 유럽에서 열린 '생각 작업'을 위한 공개강좌와 공부 모임에서 케이티와 15명의 참가자들이 나눈 대화를 편집한 것이다. 고통스러운 질병을 앓고 있는 사람도 있었고, 사랑 때문에 괴로워하는 사람, 엉망이 된 이혼 과정을 겪고 있는 사람도 있었고, 직장 동료에게 화가 난 사람, 인상되는 월세 때문에 걱정하는 사람도 있었다. 그들 모두는 케이티의 도움을 받아서 고통스러운 생각에 기꺼이 질문하려 했고, 고통을 일으키는 진짜 원인은 그 생각임을 알게 되었다.

  책의 대화들을 가족, 질병 등 표면적인 주제에 따라 묶지는 않았다. 왜냐하면 여기에서 진정한 주제는 '생각 작업'을 하는 과정과, '생각 작업'이 택할 수 있는 다양한 길이기 때문이다. 참가자 중에는 '생각 작업'을 처음 접하는 사람들도 있었고, 한동안 '생각 작업'을 했으나 어떤 벽에 부닥쳤다고 느끼는 사람들도 있었다. 어떤 경우든 우리는 케이티의 예리한 마음과 열정적인 친절함이 어떻게 참가자들이 확고부동한 현실이라고 느끼던 것을 스스로 해체하도록 돕는지 보게 된다.

  이 대화들은 재미있는 읽을거리이지만—어떤 대화들은 유쾌하면서도 깊은 감동을 준다—이것들을 소개하는 주된 목적은 '생각 작업'의 방법들을 전하기 위한 것이다. 모든 대화는 청중이 있는 자리에서 이루어졌다. 케이티는 청중과의 교감을 놓치지 않았고, 강당에 있는 청중들에게 마음속으로 함께 대화를 따르면서 참가자가 해야 하는 질문을 청중도 스스로 해 보도록 반복해서 제안한다.

  이런 식으로 읽는 것이 이 책을 가장 유용하게 읽는 방법이다.

케이티와 이 참가자들 간의 대화는 독자들이 각자 자신의 생각에 관해 나눌 수 있는 대화들이기도 하다. '생각 작업'의 결과는, 언뜻 보기에는 무척 두렵게 느껴지는 상황에서도, 상상하지 못한 자유와 기쁨으로 이어질 수 있다.

이 책을 읽기 전에 알아 두면 좋을 두 가지

케이티와 대화를 한 참가자들은 워크숍이 시작되기 전에 양식을 미리 작성했다. (책의 맨 뒤 부록에는 양식이 있다. 양식을 보고 직접 써 보기를 권한다.) 양식은 "당신을 화나게 하거나 실망시키거나 슬프게 하는 사람은 누구인가요? 왜 그런가요? 당신은 그 사람의 어떤 점이 마음이 들지 않나요?"와 같은 질문을 통해 고통의 원인이 되는 생각을 파악하고 정확히 발견하도록 돕는다. 대화는 주로 참가자가 양식을 읽는 것으로 시작하고 있으며, 대화 중에 케이티와 참가자는 종종 이 양식으로 되돌아간다.

어떤 독자들은 케이티가 참가자들을 (사랑하는 사람을 부를 때 쓰는 말인) '스윗하트'나 '허니'라고 부를 때 의아해할 수 있다. 그녀가 이렇게 부르는 이유는 참가자를 개인적으로 잘 알기 때문도 아니고, 진심 없이 경솔하게 부르기 때문도 아니다. 케이티에게는 지금 이 순간 그녀와 함께 있는 사람이 세상에서 가장 소중한 사람이기 때문이다. 그녀가 참가자들을 얼마나 소중하게 여기는지가 이 책의 대화에서도 묻어나기를 바란다.

옮긴이의 말

'잃어버린 10년'

　20대 후반부터 30대 후반, 바이런 케이티와의 만남이 있기 전까지의 10년을 나는 이렇게 불렀다. 겉으로는 남부러울 것 하나 없는 멋진 삶을 살고 있는 것처럼 보였지만, 안으로는 오랫동안 곪아 있던 상처들이 걷잡을 수 없이 터지기 시작하면서 고통이 쓰나미처럼 밀려들었던 혼란의 시기. 쓰나미에 떠밀려 오랫동안 표류하며 내 인생이 어디로 가고 있는지 몰라 두려움과 불안에 오랫동안 힘들어하던 내게 케이티의 '생각 작업'은 한 줄기 빛으로 다가왔다.
　처음 바이런 케이티의 책 《네 가지 질문》을 어느 학부모에게 선물 받았을 때, 나는 큰 감흥을 느끼지 못했다. '생각 작업'이라고 불리는 네 가지 질문은 좀 어렵게 느껴졌다. 책을 미처 다 읽지도 못하고 덮어 둔 채 잊어버리고 있었는데, 그 학부모에게서 다시 연락이 왔다. 케이티가 오프라 윈프리의 소울 시리즈에 나와서 생각 작업을 하는 동영상에 관한 얘기를 듣고는 문득 궁금해졌다. 집에 오자마자 나는 그 동영상을 찾아서 보기 시작했다. 그때 내 안에서 터져 나온 한 마디, "유레카!!!" 나는 투명해 보이기까지 하는 깊은 눈의, 60대쯤 되어 보이는 케이티라는 여자에게서 눈을 뗄 수가 없었다. 그녀의 무언가가 내 가슴속 깊은 곳을 울리고 있었다. 나는 흥분을 느꼈다. 그때부터 뭔가에 홀린 듯 생각 작업 동영상을 찾아서 보고, 또 보았다. 어느덧 케이티의 생각 작업의 세계로 나는 빠져들고 있었다.

그리고 2개월 후 나는 미국 로스앤젤레스에서 열린 생각 작업 스쿨(The School)에 참석해 있었다. (생각 작업 스쿨은 1년에 2번씩 미국과 유럽에서 열리는 9박 10일간의 프로그램으로, 10일간 새벽부터 밤까지 케이티의 안내에 따라 전 세계에서 온 3~400명의 참가자들이 다양한 주제에 관해 함께 '생각 작업'을 하는 심도 깊은 프로그램이다.)

스쿨에서 내가 경험한 것들은 음… 말로 표현이 되지 않는다. 한마디로 '충격', 그것도 뒤통수를 엄청 커다란 망치로 쾅 맞는 듯한 충격, 그것이었다. 그중 하나가 생각난다. 나는 "우리 엄마는 너무 일찍 죽었다"에 관한 생각 작업을 하고 있었다. 엄마는 내가 9살 때 교통사고로 돌아가셨는데, 이 생각은 내가 오랜 시간 절대불변의 진실로 붙들고 살아온 생각이었다. 뒤바꾸기로 "나는 너무 일찍 죽었다"가 생각 작업 파트너의 입에서 나온 순간, 내 머릿속엔 엄마가 돌아가신 그 순간부터 어린 나는 어떻게 죽었는지… 그동안 내가 나를 어떻게 죽이고 살아왔는지가 영화필름처럼 한순간에 스쳐 지나갔다. 나는 오열했다. 엄청 큰 무언가에 뒤통수를 세게 맞은 듯 멍했다. 정신을 차릴 수 없었다. 그때까지 한 번도 해 본 적 없던 생각, "나는 너무 일찍 죽었다"는 너무나 진실이었다. 나는 그 어린, 가여운, 한편으로는 대견한 나를 처음으로 만나고 다독여 주었다.

스쿨에서 만난 생각 작업은 시작에 불과했다. 스쿨에서 돌아온 뒤 나는 오래된 믿음, 신념들, 나에게 고통을 주는 생각들에 관해 작업을 해 나갔고, 그에 따라 내 삶에 크고 작은 변화들이 빠르게 나타나기 시작했다. 가장 먼저 찾아온 변화는 부모님과의 관계였다. 어느 날 갑자기 내 앞에 새로운 부모님이 나타난 듯했다. 예전엔 잔소리만 일삼고, 온갖 일에 트집을 잡고, 사사건건 간섭을 하려 든다고 여겨지던 부모님이 어느 날부터 나를 사랑하는, 애정이 넘치는, 사랑하는 딸이 행여 어떻게 될까 노심초사하는 부모님으로 보이기 시작했다. 처음엔 부모님이 변했다고 생각했다. 그동안 당신들 뜻대로 해 봐도 별 소용이 없으니 드디어 체념을 하셨구나, 나이가 드시니 이제야 내 숨통을 틔워 주려나 보다, 하고 생각했다. 그런데 아니었다. 가만히 보니 부모님은 그대로였다. 같은 상황에서 예전과 똑같은 말을 하고 같은 행동을 하는… 그런데 그 말과 행동들이 더이상 예전처럼 느껴지지 않았다. 그건 기적이었다.

2년 뒤에 스쿨에서 다시 만난 케이티도 예전의 케이티가 아니었다. 첫 번째 스쿨에서 때론 냉정하고 차갑게 느껴졌던 케이티가 2년 뒤엔 더없이 친절하고 명쾌한 여인으로 바뀌어 있었다. 처음엔 케이티가 더 친절해졌다고 생각했다. 그런데 다시 보니 케이티는 2년 전 스쿨에서와 똑같은 말과 행동을 하는 게 아닌가. 아, 그때 다시 한 번 생각 작업의 힘을 느꼈다. 2년 동안 생각 작업을 통해 내가 바뀌었던 것이었다. 그 뒤 다시 접한 《네 가지 질문》 또한 마찬가지였다. 다시 읽어 보니 이렇게 명쾌할 수가 없었다. 구절들 하나하나가 마음에 와닿았다.

그렇게 내 삶에서 많은 것이 빠르게 변하기 시작했다. 다른 사람들에 대한 간섭이 줄어들기 시작하고 나 자신에게 친절해지기 시작했다. 태어나서 처음으로 "수정아, 괜찮아"라고 내 어깨를 토닥이기 시작했다.

생각 작업의 여정이 항상 즐겁기만 한 건 아니었다. 나의 내면을 들여다보는 과정은 때론 고통스럽고, 두렵고, 힘들고, 밀린 숙제를 하는 것처럼 하기 싫어질 때도 있었다. 그래서 때론 생각 작업에 저항도 해 보고 멀리 떨어져 있기도 하고 다른 길로 들어서 보기도 했지만, 결국 나는 다시 생각 작업으로 돌아와 있었다. 생각 작업으로 나를 들여다볼 때마다 있는 그대로의 나를 오롯이 만나는 경험은 그간의 고통스러운 기억을 상쇄시키고도 남음이 있었기 때문이다. 거기엔 받아들임, 겸손함, 기쁨이 함께했다.

생각 작업을 접하는 많은 분이 공통적으로 경험하는 것이 '내'가 생각 작업을 하니 '주위 사람들'이 바뀐다는 것이다. 처음엔 의아해하던 분들도 생각 작업 상담을 하면서 이 신기한 경험을 한 후에 놀라워한다. 정말 나 혼자, 내 생각을 들여다보니 가족을 비롯해서 다른 사람들이 바뀌네요, 하며 신기해한다. 어머니와 단 둘이 살면서 1년간 말을 안 하고 살던 어떤 분은 생각 작업 상담 4회 만에 어머니와 말을 하기 시작했고, 남편과의 갈등과 산후 우울증으로 무기력이 (본인의 표현에 의하면) 1,000,000(0-10 중에)이라고 표현했던 어떤 분은 8회 상담 때 작업할 거리를 못 찾겠다고 할 정도로 생각 작업은 정말 빠르고 강력하다. 내 경험도 그랬고, 생각 작업을 접하는 많은 분이 들려주는 경험도 그러하고, 전 세계적으로 생각 작업을 접하는 사람들이 공통적으로 느끼는 것이기도 하다.

생각 작업의 힘은 이토록 놀랍다. 나는 생각 작업만큼 빠르게 실생활에 변화를 가져오는 도구를 아직 접하지 못했다. 내가 '생각 작업'과 동시대에 살고 있다는 것이 그저 감사할 따름이다.

이제 생각 작업은 내 인생을 완전히 바꿔놓은 '내 인생의 동반자'이자 '든든한 친구'다. 그 생각 작업과의 만남의 기회를 더 많은 사람이 갖게 되기를, 고통에서 벗어나 평화로운 삶을 추구하는 사람들에게 생각 작업과의 인연이 닿기를 간절히 바래 본다.

이 책이 나올 수 있도록 전폭적인 지지를 해 준 침묵의 향기 김윤 대표님에게 감사의 말씀을 전하고 싶다. 바이런 케이티를 사랑하는 마음, 케이티의 생각 작업이 더 많은 이들과 인연이 닿아서 한 명이라도 더 행복한 삶을 살기를 바라는 마음으로 함께 한 작업이라, 힘든 작업이기도 했지만 행복한 시간이었다.

| 차례 |

머리말 _4

옮긴이의 말 _9

1. 직장 동료가 무책임합니다 _17
2. 불면증 때문에 힘들어요 _45
3. 부모님은 내가 원하는 것을 허락하지 않을 거예요 _73
4. 월세를 올리면 안 됩니다 _85
5. 어머니는 나를 사랑하지 않아요 _99
6. 동료 때문에 화가 납니다 _123
7. 암은 내 인생을 망쳐 놓았어요 _133
8. 나는 부족한 사람이에요 _173
9. 남편의 외도를 견딜 수 없어요 _197

맺는말 _239

부록 _241

1

직장 동료가 무책임합니다

우리가 생각들에 질문을 하면, 새로운 어떤 자각이 일어납니다. 생각들은 개인의 것이 아니라는 걸 알게 됩니다. 그리고 그걸 알 때 기적이 일어납니다. 무조건적인 사랑이라는 기적이….

당신의 속을 부글부글 끓게 하는 사람이 있다면, 그 사람에게 감사하세요. 그는 당신이 좀 더 친절한 사람이 되는 법을 보여 주고 있습니다. 그는 최선을 다하고 있고, 당신도 그렇습니다.

브라이언 (청중 속에서 양식을 읽는다.) 나는 조에게 화가 난다. 왜냐하면 그는 배려심도 없고, 건방지고, 멍청하고, 돈만 밝히고, 비윤리적이고, 무신경하고, 무책임하며, 비열하기 때문이다. 직원이나 고객에게 관심도 없기 때문이다.* (청중이 웃는다.)

케이티 예, 그렇군요.

브라이언 적을 공간이 부족했어요.

케이티 감사합니다. 그것이 마음입니다. 그러니 이런 마음을 우리

---

* 케이티와의 대화 중에 가끔 등장하는, 이처럼 높임말이 아닌 어투로 하는 말들은 '작업 양식'에 미리 써 놓은 문장들이거나 '뒤바꾸기'들이다. ─옮긴이

가 어떻게 해야 할까요? 마음에도 진행 과정이 있습니다. 마음도 맡은 일이 있습니다. 마음은 추구하는 자입니다. 우리는 "그는 이기적이야"라는 생각을 믿습니다. 그러면 마음은 즉시 그 생각을 증명하는 모든 이야기와 그림들을 우리에게 전달하기 시작합니다. '그때 그가 이기적이었다'는 것으로는 충분하지 않습니다. 마음은 그것을 증명하고, 증명하고, 또 증명하려 합니다.

그때 일어나는 일은, 마음이 그 사람을 공격하고 있는 것입니다. 이런 생각을 할 때 흔히 우리는 그 생각들과 결혼한 것이나 마찬가지입니다. 마음은 그 사람을 완전히 무찔러 버립니다. 마음은 자기의 일을 합니다. 그리고 이제 방향을 바꿔서 그를 공격했다는 이유로 여러분을 공격합니다. 이런 식으로 마음은 자기를 몹시 지치게 만듭니다. 그리고 이 과정에서 중독 증상들이 나타나기 시작합니다. 담배에 불을 붙이거나, 방금 배부르게 먹었는데도 냉장고로 가거나, 텔레비전을 켭니다. 화면이 흐릿해 보이고 눈에 잘 들어오지도 않지만, 당신은 개의치 않습니다.

이런 마음을 우리는 어떻게 하나요? 우리는 생각을 멈추지 못합니다. 우리는 생각들이 끝나기를 기다립니다. 생각들을 합리화합니다. 생각들을 가라앉히기 위해 약을 먹습니다. 생각들을 가라앉히기 위해 명상을 합니다. 그런데 나는 이 마음이 쉴 곳을 찾고 있다는 걸 알게 되었습니다. 마음은 평화를 찾고 있습니다. 방금 여러분에게 보여 드린 그 시나리오, 마음이 그를 공격하고 당신을 공격하는 시나리오에는 평화가 없습니다. 그런데도 마음은 그런 식으로 작용합니다. 우리는 생각들을 그렇게 다루어 왔습니다. 먼저 생각들을 믿었기 때문입니다.

"그는 너무 이기적이야!"라는 생각을 알아차리고, 몸이 어떻게 반응하는지 느껴 보세요. 그 생각과 함께 따라오는 이야기와 그림들을 보세요. 그럴 때 팔과 어깨, 몸이 어떻게 반응하는지 느껴 보세요. 심장이 어떻게 고동치는지, 그리고 당신이 어떻게 유리잔을 탁자 위에 조금 세게 내려놓는지. 당신이 화났다는 걸 그에게 넌지시 알리기 위해서.

어느 날 나는 내가 믿고 있던 생각, 스트레스를 주는 생각들이 진실한 것은 아니라는 걸 알게 되었습니다. 우리를 자유롭게 하는 것은 진실이라는 걸 깨달았습니다. 그래서 나는 생각들을 내 아이들처럼 대하기 시작했습니다. 거칠게 날뛰는 어린아이 같은 마음을 내 사랑하는 아이처럼 대하기 시작했습니다.

그것은 사랑하는 사람이나 자녀와 얘기할 때와 같아서 그럴 때면 좋은 생각들이 떠오릅니다. 자연스럽게 그런 생각들이 떠오르기 때문에 억지로 애쓸 필요가 없습니다. "우리 아들 멋지구나, 우리 딸 재능 있네, 우리 딸 참 친절해"와 같은 생각들. 이런 생각들이 자연스럽게 떠오를 때 몸에서 어떤 반응이 일어나는지 느껴 보세요. 그리고 여러분이 무엇을 믿는지에 따라 이 두 가지 상태가 어떻게 다른지 살펴보세요.

스트레스를 주는 생각들에 관해 질문할 때 마음이 쉴 수 있다는 것을 나는 알게 되었습니다. 오늘밤 우리가 가지고 놀아 보려는 것도 그런 질문들입니다. (브라이언에게) 그러니 스윗하트, 여기로 올라오시겠어요? 내 응접실로 오셔서 조에 관해 '생각 작업'을 해 볼까요? (브라이언이 무대 위로 오른다.)

자, 다시 한 번 읽어 보시겠어요?

브라이언 나는 조에게 화가 난다. 왜냐하면 그는 배려심도 없고, 건방지고, 멍청하고, 돈만 밝히고, 비윤리적이고, 무신경하고, 무책임하며, 비열하기 때문이다. 직원이나 고객에게 관심도 없기 때문이다.

케이티 그래요. 이제 이 생각들을 한번 살펴볼까요? 방금 '무책임하다'는 말을 들었는데, 이 말이 와닿는군요. 그런 생각은 정말 좌절하게 만들죠.

브라이언 예, 정말 좌절감을 느낍니다.

케이티 예. 그래서 "그는 무책임하다"—그게 진실인가요? (청중에게) 여러분의 삶에서 무책임한 사람을 찾아보세요. 무책임해서 여러분을 미치게 만들던 사람. 오래전에 알던 사람일 수도 있고, 지금 같이 살고 있는 사람일 수도 있습니다. 그래서 "그는 무책임하다"— 그게 진실인가요?

브라이언 나의 세계에서는, 그렇습니다.

케이티 음, 그게 바로 당신이 다루어야 하는 유일한 세계입니다.

브라이언 예. 슬프지만 사실입니다.

케이티 예. 그래서 "그는 무책임하다"—그 생각을 믿을 때 당신은 어떻게 반응하나요?

브라이언 긴장되고 열 받아요. 화가 치밀어 오릅니다.

케이티 예.

브라이언 부당하다는 생각이 들고, 분하기도 합니다.

케이티 그렇죠. 그런데 "그는 무책임하다"라는 생각을 믿을 때, 당신의 마음은 어디를 여행하나요? 어떤 모습들이 보이고, 어떤 생각들을 경험하나요?

브라이언 음, 완전히 부정적인 생각들만 떠오르고 어두컴컴합니다. 행복하지 않아요. 불편합니다.

케이티 "그는 무책임하다"는 생각이 없다면 당신은 누구일까요?

브라이언 똑같은 사람일 것 같아요.

케이티 한번 묘사해 봅시다. 눈을 감아 보세요. 그 사람이 무책임하게 행동하는 모습을 떠올려 보세요. 그 모습이 보이나요?

브라이언 예, 물론입니다. (청중이 웃는다.)

케이티 좋습니다. 이제 그 모습을 그대로 보세요.

브라이언 예.

케이티 그리고 그냥 그를 지켜보세요. 그의 눈을 보고, 그의 얼굴을 보세요. 당신의 이야기는 내려놓아 보세요. 뭐가 보이나요?

브라이언 그가 나름대로 최선을 다하고 있네요.

케이티 와, 놀랍네요!

브라이언 그는 노력하고 있습니다.

케이티 예. 이제 "그는 무책임하다"—뒤바꿔 보세요. 뒤바꾸기는 당신이 믿는 생각의 정반대를 발견하고 경험하게 합니다. "그는 무책임하다"—뒤바꿔 보세요.

브라이언 그는 최선을 다하고 있다. 그는…

케이티 그는 책임감이 있다. 그는 나름대로 책임을 다하고 있다.

브라이언 그가 할 수 있는 것들로…

케이티 그걸 알게 되어 참 다행입니다. 그 사람에게 책임감이 있다는 것을 보게 되면, 우리에게서도 그것을 볼 수 있기 때문입니다. 그리고 그로부터 귀중한 어떤 일, 강력한 어떤 자각이 일어납니다. '당신 자신'이 나름대로 책임을 다하고 있으며, 언제나 그랬다는 것을 알게 되는 거죠.

브라이언 그 말만 들어도 훨씬 편안하게 느껴지는군요. 몸에서 긴장이 풀리고 편히 이완되는 것 같아요.

케이티 당신은 실제로 일어나는 일을 잠시 본 겁니다. 그런데 마음은 "저 사람은 일부러 저러고 있어, 나를 화나게 하려고 저러는 거야"라고 말합니다. 마음은 그렇습니다. 그러면 그것은 개인적인 일이 됩니다.

하지만 생각은 개인적인 것이 아닙니다. 어느 날 아침, 나는 그렇다는 것을 알게 되었어요. 그때 나는 자존감이 너무 낮아서 요양원

방바닥에 누워 잤습니다. 침대에서 잘 자격도 없다고 생각했기 때문입니다. 그만큼 자기혐오로 가득 차 있었죠. 그러던 어느 날 아침, 잠에서 깨었을 때 여느 때처럼 바닥에 누워 있었는데, 문득 내가 저절로 숨 쉬어지고 있다는 걸 알아차렸습니다. 정말로 '그것'(몸)은 숨 쉬어지고 있었습니다. 몸은 내가 아니었어요. 내 것조차도 아니었습니다. 그때 내가 본 건… 개인적인 것은 아무것도 없다는 것이었습니다. 그리고 내가 생각되어지고 있다는 것도 알아차렸습니다.

직접 경험해 보세요. 밤에 잠들었을 때, 꿈도 꾸고 있지 않을 때, 세상이 어디에 있나요? 내가 시작될 때 세상도 시작됩니다. "나." "내가 있다." "나는 직장에 늦었어." "나는 화장실에 가야 해." "나, 나, 나, 나, 나." 그 뒤 그것은 당신이 이것 혹은 저것이라고 정말로 믿기 시작합니다. 하나의 '나'라고.

우리가 생각들에 질문을 하면, 새로운 어떤 자각이 일어납니다. 생각들은 개인의 것이 아니라는 걸 알게 됩니다. 그리고 그걸 알 때 기적이 일어납니다. 무조건적인 사랑이라는 기적이….

다음에 그 사람을 볼 때는 그가 (다른 사람들의 눈에는) 무책임해 보이는데도, 당신의 눈에는 왜 그렇게 보이지 않는지 신기해할지도 모릅니다. 당신의 눈에는 그가 나름대로 최선을 다하고 있는 것으로 보입니다. 그것은 근본적인 인식의 전환입니다.

브라이언 그렇게 되겠죠. 날마다 그런 식으로 느끼다 보면 어느 순간에는 (그가 무책임하다는 것을) 의식하지도 못할 테니까요. 그는 성자 같은 사람일 수 있는데, 나는 여전히…

케이티 …그 점을 못 보는 거죠. 그래요. 그는 성자 같은 사람일 수 있는데, 당신은 그 사람에게 당신의 이야기를 덧씌웁니다. 그러면 당신의 이야기가 그 사람이 됩니다. 진실은, 어떤 두 사람도 만난 적이 없다는 것입니다. 내가 당신을 어떤 사람이라고 믿으면, 당신은 그 사람입니다. 내가 당신에 관한 생각들을 믿으면, 그것이 당신입니다.

자, "그는 책임감이 없다"—뒤바꿔 보세요.

브라이언 그는 나름대로 최선을 다하고 있다.

케이티 좋아요. 그런데 뒤바꾸기를 할 때는 원래 문장의 단어들을 최대한 사용하는 것이 좋습니다. "그는 무책임하다"의 뒤바꾸기는 "그는 책임감이 있다"가 됩니다.

브라이언 그는 책임감이 있다.

케이티 예. 이 말은 아직 하나의 개념일 뿐, 당신에게는 진실해 보이지 않을 수 있습니다. 마음은 뒤바꾸기가 진실해 보이기 전에는 만족하지 않습니다. 그러니 이 남자가 어떤 면에서 책임감이 있는지 세 가지 예를 찾아보세요. 세 가지 참된 예를 찾아보되, 최대한 구체적인 사례를 얘기해 보세요. 이렇게 할 때 우리는 다른 극점에서, 우리가 살고 있던 극점보다 훨씬 더 친절한 극점에서 생각하기 시작합니다.

(청중에게) 여러분도 댁에 돌아가시면 이렇게 해 보세요.

(브라이언에게) 그가 어떤 면에서 책임감이 있는지 세 가지 예를 얘기해 보세요.

브라이언 그는 날마다 제시간에 출근합니다.

케이티 놀랍네요.

브라이언 그러네요. (청중이 웃는다.) 그는 열심히 일하고, 자주 업무 시간 외에도 일하고, 교대 시간을 넘겨서까지 일합니다. 초과 근무를 하죠.

케이티 세상에!

브라이언 그리고 사실 그가 사람들에게 관심을 갖고 책임감 있게 행동하는 때가 있습니다. 내 눈으로 직접 보았죠.

케이티 예. 그런데 내 경우, 내 마음은 "그가 사람들에게 관심을 갖고 책임감 있게 행동하는 때가 있다"는 말로는 만족하지 못할 것 같군요. 이 사례는 너무 모호합니다. 구체적인 예가 필요합니다. 정말 구체적인 예를 찾아보세요. 마음은 새로운 삶의 길을 찾고 있습니다. 현실 안에서 사는 길을 찾고 있어요.

브라이언 그는 평생교육원 수업을 듣는데 그 수업에 뒤처지지 않으려고 따로 학원을 다니고 있어요. 이 정도면 충분히 구체적인가요?

케이티 예, 그래요. 이제 직장으로 돌아가면 그 사람에게 이 말을 들려주고 싶을지도 모르겠네요. "조, 당신은 책임감 있는 사람이에요"라고. (청중이 웃는다.)

브라이언 나와 함께 가시죠.

케이티 좋아요. 나도 이 사람을 만나보고 싶네요. 그는 배려심도 많고 열심히 일하는 사람 같고, 당신이 말하듯이 나름대로 책임감이 있고 그 이상 해 내려 노력하는 사람 같아요. 직장으로 돌아가면 그에게 한번 얘기해 보세요. "당신에 관해서 생각해 봤는데요. 일 마치고 따로 수업을 듣는 거 대단한 것 같아요. 매일 제시간에 출근하는 것도 그렇고, 또…." 이런 식으로 새롭게 알게 된 사실들을 알려줘 보세요.

브라이언 앞 부분은 빼 주세요. (청중이 웃는다.)

케이티 "그는 배려심이 없고 무책임하다"라는 생각을 믿을 때, 당신은 그를 어떻게 대하나요?

브라이언 아마 그다지 친절하진 않겠죠.

케이티 "아마"라는 말은 빼겠습니다. 좀 더 진지하게 해 주세요.

브라이언 알겠습니다. 예, 나는 그를 멀리했어요.

케이티 그를 멀리하기 위해 구체적으로 어떻게 했나요?

브라이언 그 사람의 시선을 피했습니다. 눈길을 다른 데로 돌렸죠. 그리고 아마도… 아, '아마도'는 아니고…

케이티 아주 좋아요!

브라이언 …그 사람에 대한 내 심정을 사람들에게 얘기했어요… 험담처럼.

케이티 그러니까, 그 사람에 대해 험담을 했군요.

브라이언 예.

케이티 좋습니다. 그 점에 관해서도 다루어 볼 수 있겠네요.

브라이언 지금은 내가 쓰레기 같은 인간처럼 느껴지네요.

케이티 스윗하트, 당신에게는 선택의 여지가 없었어요. 그게 바로 이 '생각 작업'의 중요한 점입니다. "그는 배려심이 없고 무책임하다"라는 생각을 믿을 때는 선택의 여지가 없습니다. 그 믿음에 따라 살 수밖에 없어요.

브라이언 알겠습니다.

케이티 기분이 안 좋은가요? 하지만 당신은 순진했을 뿐입니다. 만약 내가 그 생각을 믿으면, 나는 그 믿음에 따라 살 수밖에 없습니다. 나는 노력하고 노력하고 또 노력할 수 있고 긍정적인 확언을 써 볼 수도 있지만, 이런 확언들 밑에는 내가 굳게 믿고 있는 것들이 있으며, 그 믿음들이 나를 어떤 식으로 행동하게 만듭니다. 그것이 나를 지배합니다. 그리고 나는 안 그런 척 가장하고, 그런 나 자신을 혐오합니다. 느껴 보세요. 그것은 폭력입니다. "그는 무책임하고 불친절해"라는 생각을 믿을 때 어떤 느낌이 드는지 느껴 보세요. 그 사람이 그렇지 않다고 말하는 게 아닙니다. 우리는 그 사람이 어떤 면에서 무책임한지에 관해서도 목록을 만들 수 있습니다. 그는 이 부분에서는 책임감이 있고, 저 부분에서는 책임감이 없습니다.

그리고 그는 어떤 때에는 불친절해 보이지만, 나는 그의 마음을 알 수 없습니다. 그는 그렇게 하는 것이 도움 될 것이라고 보는지도 모릅니다. 그래서 우리가 진실에, 당신의 진실에 기회를 주기 시작하면 마음이 명쾌해지기 시작합니다. 이제, "그는 불친절하고 무책임해"라고 생각할 때 어떤 느낌이 드는지 느껴 보세요. 그리고 떠오르는 생각들을 살펴보세요.

브라이언 역겹네요.

케이티 그리고 폭력적이죠.

브라이언 어둡습니다.

케이티 예. 우리는 세상에선 전쟁이 끝나기를 바라면서 기본적으로 우리의 삶에는 전쟁이 효과가 있다고 생각합니다. 느껴 보세요, 우리 안에 있는 그 폭력성을. 어찌된 영문인지 우리는 그런 폭력성이 우리를 더 책임감 있게 만들어 준다고 생각합니다. 마치 우리가 그 사람보다 우월하다는 듯이 그런 식의 혼잣말을 하죠. 그럴 때 우리가 그 사람을 어떻게 대하는지 보세요.
좋아요, 스윗하트, 다른 뒤바꾸기를 찾을 수 있나요? "그는 무책임하다"—이와 반대되는 다른 문장을 발견할 수 있나요?

브라이언 그는 배려심이 있다.

케이티 "그는 무책임하다." "나는…?"

브라이언 나는 무책임하다.

케이티 예.

브라이언 아, 알겠습니다.

케이티 좋아요, 좋습니다. 만약 내가 누구를 무책임한 사람으로 본다면, 그 순간 내가 무책임한 사람입니다. 만약 내가 누구를 배려심 없는 사람으로 본다면, 그 순간 내가 배려심 없는 사람입니다. 누구를 배려심 없는 사람으로 보는 순간, 당신이 어떤 생각을 하고 있는지 살펴보세요. 누가 배려심이 없나요? 내가 왜 다른 사람을 사랑하는 데 관심을 갖는지 아세요? 사랑하기 전까지는 내가 고통스럽기 때문입니다.

나는 고통스럽게 하는 것과 그렇지 않은 것의 차이를 아는 사람입니다. 자기학대란 것이 정말 뭔지 알게 되었고, 그걸 알게 된 후에는 여러분을 사랑하는 사람이 되었습니다. 이런 공간에, 수백 명이 있는 장소에 들어설 때, 나는 여기 있는 모든 분이 나를 사랑한다는 것을 압니다. 다만 여러분이 그걸 깨닫기를 기대하지 않을 뿐이죠. (청중이 웃는다.) 만약 여러분이 나를 미워한다면, 여러분은 자신을 미워합니다. 여러분이 나를 사랑하면, 여러분은 자신을 사랑합니다. 그리고 자신이 믿는 생각에 관해 질문할 때마다 여러분은 더 친절한 사람이 됩니다.

브라이언 자유로워지는 거군요.

케이티 정말 그렇습니다. 그게 바로 자유가 뜻하는 거죠. 마음이 자유로워지면, 몸도 따라 자유로워집니다.

좋아요, 스윗하트. 당신이 직장에서 무책임한 부분은 무엇인가요? 그 사람과의 관계에서는 어떤 부분에서 무책임한가요? 그 사람에게는 어떤 부분에서 불친절하고, 자기 자신에게는 어떤 부분에서 불친절한가요? '생각 작업'은 명상입니다. 진지하게 해 보세요. 그러면 근본적으로 바뀌게 됩니다.

이제, 아까 읽은 것을 다시 한 번 읽어 보시겠어요? (브라이언이 고개를 젓는다.) 아, 이해하셨군요. 정말 빨리 받아들이시는군요.

브라이언 보고 싶지도 않네요.

케이티 예. 음… 그에게는 문제가 없었는데, 당신은 그렇지 않았죠. 사실은, 친구들한테 가서 그 사람 얘기를 해야겠다고 생각합니다. 친구가 누구인지 아세요? 우리에게 동의하는 사람들입니다. 그들이 우리의 친구입니다. 당신이 "그는 무책임하고 매정한 사람이야"라고 말하면, 그들은 "맞아, 정말 그래. 아주 못된 사람이야. 너 정말 힘들겠다"라고 맞장구를 칩니다. 만약 누가 그렇지 않다고 얘기하면, 당신은 그 사람이 왜 무책임한 사람인지를 납득시키려 합니다.

브라이언 머릿속에서 꾸며낸 이야기들을 가지고….

케이티 예, 과장을 하면서까지 설득하려 애씁니다. 그들은 당신의 친구니까 동의를 해야 합니다. 동의하지 않는 사람들은 적이 되고, 우리는 우리의 말에 동의해 줄 다른 사람들을 찾게 됩니다. 그게 누구든 상관없죠.

우리는 가족 간에도 이렇게 합니다. 서로 편을 가르죠. 직장에서도 그렇게 하고, 동네 사람들과도 그렇게 합니다. '그들'이 있고, 다음에 '우리'가 있습니다. 그리고 '우리'는 모두 동의합니다.

하지만 이 '적'이라는 사람은 내가 알고 싶은 것을 제대로 짚어 줍니다. 나에 관해 잘 알고 있으니까요. 이 사람이 하는 말에 귀를 기울이면 어떤 일이 일어날까요? 결국 그 사람의 말이 옳을 수 있습니다. 그래서 마음이 탐구에 열리면, 아… 세상에 적이 없어집니다. 단 한 명도 찾을 수 없게 되죠.

누가 "케이티, 당신은 무책임해요!"라고 말할 때, 내가 "뭐라고요? 내가 무책임하다고요? 어떻게 감히 그런 말을 할 수 있죠? 나는 정말로 책임감 있는 사람이라고요!"라고 대꾸한다면… 전쟁입니다. 그렇죠? 그런데 만약 내가 지금의 당신만큼 마음이 열려 있다면, 누가 다가와서 "케이티, 당신은 무책임해요"라고 말할 때, 나는 "그래요? 어디 한번 볼게요. 당신 말이 맞을 수 있어요"라고 대답할 거예요. 우리는 함께 앉아서 그 점에 관해 얘기를 나눌 수 있겠죠. 그들은 내가 나를 알도록 일깨워 줄 수 있고, 나는 배울 수 있습니다. 마음은 배우고 싶어 합니다. 하지만 마음이 부정적인 극단에 있을 때는 몹시 제한적입니다. 그러면 우리는 태초부터 배워 온 스트레스만을 배우게 되죠.

브라이언 예전 상태로 돌아가는 건 순식간인 것 같아요.

케이티 오늘 여기서 하는 것처럼 하지 않으면…. 좋아요, 그 문장을 다시 한 번 읽어 보세요.

브라이언 나는 조에게 화가 난다. 왜냐하면 그는 배려심이 없고, 건

방지고…

케이티 문장 전체를 뒤바꿔 보세요. "나는 나에게 화가 난다…"

브라이언 나는 나에게 화가 난다. 왜냐하면 나는 배려심이 없기 때문이다.

케이티 예. 나라면 가만히 앉아서 이 문장을 잘 살펴보겠어요. 나는 어떤 면에서 배려심이 없을까? 다시 말씀드리지만, '생각 작업'은 명상입니다. 나는 어떤 면에서 배려심이 없을까, 특히 조에 대해서? 그동안 어떤 면에서 배려심이 없었을까? 그다음이 뭐였죠?

브라이언 건방지다.

케이티 나는 어떤 면에서 건방졌을까? 이런 판단들을 살펴보면, 우리는 그 판단들이 자신에게 어떤 면에서 진실한지를 곧 알 수 있습니다. 그러면 우리의 삶 전체가 바뀝니다. 그것이 진실의 힘입니다. 좋아요, 스윗하트. 두 번째 문장을 봅시다. "나는 …원한다."

브라이언 나는 조가 자기의 문제점을 인정하고, 자기의 동기들을 정직하게 알아차리고, 진정한 연민을 배우기를 원한다.

케이티 "그는 진정한 연민을 못 느낀다"—그게 진실인가요?

브라이언 아니요.

케이티 그걸 알게 되어 다행입니다. "그는 진정한 연민을 못 느낀다"는 생각을 믿을 때, 당신은 어떻게 반응하나요?

브라이언 화가 치밀어 오르고 기분이 나빠집니다.

케이티 이 생각, 이 거짓말이 없다면, 당신은 누구일까요?

브라이언 더 나은 사람일 겁니다.

케이티 내가 '거짓말'이라고 말한 이유는, 당신이 그 생각은 진실이 아니라고 했기 때문입니다. 우리가 믿는 거짓말들을 잘 살펴보세요. 왜냐하면 마음은 우리에게 (그 생각을 뒷받침하는) 온갖 증거들을 가져다주기 때문입니다. 우리는 그 생각들에 질문하기 전에는 길 잃은 아이와 같습니다. 그래서 화를 내고, 좌절하고, 혼란스러워합니다. 혼란만이 이 지구상에서 유일한 고통입니다. 그러니 스윗하트, 뒤바꿔 보세요.

브라이언 나는 내가 나의 문제점을 인정하고, 나의 동기들을 정직하게 알아차리기를 원한다.

케이티 다음 문장을 보죠.

브라이언 조는 자신의 프로그램을 따라야 하고, 다른 사람들의 행복에 관해 생각해야 하고, 정직해야 한다. 그는 사람들의 충고에 귀를 기울여야 한다.

케이티 예, 뒤바꿔 보세요. 우리는 모두 각자의 속도에 따라 움직입니다.

브라이언 나는 나의 프로그램을 따라야 한다.

케이티 예.

브라이언 아이쿠. 나는 다른 사람들의 행복에 관해 생각해야 한다. 이런, 내가 이 말을 썼다니 정말 아이러니하네요. 맙소사! 나는 정직해야 한다.

케이티 예. 특히 그에 대해서.

브라이언 …그리고 나 자신의 충고를 받아들여야 한다.

케이티 예, 허니, 그래요. 우리가 다른 사람들에게 들려주는 모든 지혜로운 말은 우리가 들어야 할 말들입니다. 그들이 얼마나 충고를 안 듣는지 알아차렸나요? (청중이 웃는다.) 그렇게 훌륭한 지혜라면 우리가 그 충고대로 삽시다.

브라이언 예. 그런데 다음 문장은 정말 읽고 싶지 않네요. 나는 조가… 내가 행복해지려면… 회사를 그만두기를 원한다.

케이티 예.

브라이언 이 문장을 썼다는 게 너무 부끄러워서 웃음이 나오네요.

케이티 음, 당신은 순진했을 뿐입니다. 생각을 믿었을 뿐이죠.

브라이언 나는 그 사람이 나의 문제라고 믿었습니다.

케이티 예. 당신은 죄가 없습니다. 단지 생각을 믿었을 뿐이죠. 하지만 우리 인간들은 그동안 죄의식과 수치심만을 맛보아야 했습니다. 마음에 어떻게 질문해야 하는지를 몰랐기 때문입니다. 내 경험으로는 죄의식이나 수치심은 낡은 방식입니다. 현실에 대처하는 구시대적인 방식일 뿐더러, 효과도 없습니다.

브라이언 내게도 도움이 안 됩니다.

케이티 당신에게도, 그 사람에게도, 우리에게도 아무런 도움이 안 됩니다. 세상에 뭔가 끔찍한 게 있다고 계속 가르치기 때문입니다. 그런데 당신도 알게 되었듯이, 이 사람은 그저 최선을 다하고 있을 뿐입니다.

우리는 잠들어 있을 따름입니다. 자기의 생각을 믿고 있을 뿐이에요. 어느 누구도 죄가 없습니다. 나는 샌쿠엔틴 교도소에서 '생각 작업'을 하는데—많은 감옥에서 '생각 작업'을 합니다—거기에 있는 수감자들이 남의 물건을 빼앗고 살인을 저지른 이유는 자기의 생각을 믿었기 때문입니다. 그 때문에 그들은 거기에 있습니다.

당신은 왜 지금 거기에 있나요? 자기의 생각을 믿기 때문입니다. 삶이 원하는 대로 흘러가지 않는다면, 그것은 자기의 생각을 믿기 때문입니다. 스트레스를 주는 생각을 믿기 때문입니다. 그 생각들에 질문을 하면 자유로이 행동할 수 있게 됩니다. 친절하고 사랑하는 성숙한 인간으로 살아가게 됩니다.

브라이언 질문 하나 해도 될까요?

케이티 물론이에요.

브라이언 왜 내 마음은 긍정적인 걸 믿기 전에 부정적인 생각부터 받아들이는 걸까요?

케이티 세상이 그렇다고 그동안 배워 왔으니까요. 그래서 우리는 자동으로 믿어 버립니다. 그건 마치… 이름이 뭔가요?

브라이언 브라이언입니다.

케이티 그게 진실인가요? 당신은 자신이 생각하는 모든 걸 믿나요? 어머니가 "너는 브라이언이야"라고 말했을 때, 당신은 그걸 믿었나요?

브라이언 그렇죠.

케이티 그런 식입니다.

브라이언 알겠습니다.

케이티 예. 당신은 자신이 하나의 개인이라고 정말로 생각합니다. 하지만 그렇지 않을 수도 있습니다. 그리고 당신의 정체성이 바로 지금 근본적으로 바뀌고 있습니다. 조금 전까지만 해도 당신은 '조를 불친절한 사람으로 보는 남자'였는데, 지금 당신은 '더이상 그 생각을 믿지 않는 남자'입니다. 그는 바뀐 게 전혀 없습니다. 바뀐 건 당신입니다. 정체성이 바뀌니까 당신은 더 친절한 사람이 되었습니다.

브라이언 맞습니다.

케이티 그러니 누가 세상을 바꾸나요? 당신이 바꿉니다.

브라이언 내가 바꾸는 거군요.

케이티 만약 내가 엉망진창인 세상에 살고 있다면, 나는 세상을 그렇게 보는 마음을 다룰 필요가 있습니다. 만약 내가 (마음이 아니라) 엉망진창인 세상을 다루기 시작하면, 이쪽에 어질러져 있는 것들을 깨끗이 치워도, 저쪽에는 지저분한 것들이 잔뜩 쌓여 있는 식입니다. 맙소사! 하루에 24시간으로도 모자랍니다. (청중이 웃는다.) 이쪽에서 전쟁을 끝내고 나면, 저쪽에서 전쟁이 터집니다. 한 인간이 뭘 할 수 있을까요? 우리는 최선을 다하지만, 수치심과 죄책감을 느끼고… 힘이 듭니다. 그리고 그 때문에 절망감과 자기혐오를 느끼고, 패배감을 느낍니다. 그리고 어떤 행동들을 하고는 그 때문에 자기를 싫어합니다. "내가 왜 그랬을까? 다시는 안 그러겠다고 다짐해 놓고!"

음, 자기의 생각을 믿으면 그렇게 할 수밖에 없습니다. 하지만 마음을 다루면 세상이 바뀝니다. 그런 식입니다. 마음은 영사기이고, 세상은 영사기를 통해 비춰진 모습입니다. 그래서 마음에 관해 생각 작업을 하면, 이 세상도 따라 바뀝니다. 아주 단순하죠.

지금까지 우리는 세상을 바꾸려고 노력했습니다. 이 점을 놓쳤던 거예요.

스윗하트, 다음 문장을 다시 읽어 보세요.

브라이언 조는 회사를 그만둘 필요가 있다.

케이티 뒤바꿔 보세요.

브라이언 나는 회사를 그만둘 필요가 있다.

케이티 예. 회사를 그만두는 게 아니라… 뭘 그만둬야 할까요?

브라이언 내 사고 패턴을요.

케이티 예. 누가 당신보다 부족해 보일 때마다 그 생각에 관해 질문하고, 뒤바꿔 보세요. 그래서 자신에게 평화를 주세요. 삶을 주세요. 제한되지 않고 자유롭고 친절하며 사랑하는 사람, 그것은 당신의 타고난 권리입니다.

우리의 본성이 선하다는 걸 내가 어떻게 아는지 아세요? 우리의 본성에 반하거나 본성을 침범하는 모든 생각은 스트레스로 느껴지기 때문입니다. 나는 '신'이라는 단어를 사용하는데—나에게는 현실이 신입니다. 현실이 다스리기 때문입니다—가끔 "신은 모든 것이며, 신은 선합니다"라고 말합니다. 진정으로 이렇게 사는 사람들은 '생각 작업'이 필요 없습니다. 끝난 겁니다. 거기에서 평화가 오기 때문입니다.

브라이언 예, 그런 생각들의 차이점이 제게도 보입니다.

케이티 그러니 스트레스 주는 생각을 종이에 적고 질문해 보세요. 생각을 종이에 적으라고 권하는 이유는, 그렇게 하면 생각이 달아날 수 없기 때문입니다. 이미 하얀 종이 위에 검은 글씨로 적혀 있기 때문에, "아, 내 말은 그런 뜻이 아니었어"라고 부인할 수 없습니다.

브라이언 "그런 말이 아니었어."

케이티 맞아요. 자, 그럼 "나는 그만둘 필요가 있다"—이 말이 어째서 원래의 문장인 "조는 그만둘 필요가 있다"만큼 진실하거나 더 진실한지 세 가지 예를 찾아보세요.

브라이언 나는 내 사고 패턴을 그만둘 필요가 있다.

케이티 예, 그게 하나이고요.

브라이언 나는 사람들에 대한 판단을 그만둘 필요가 있다.

케이티 예, 그런데 그건 불가능합니다. 판단하는 것은 마음이 하는 일이기 때문이죠. 그렇지만 판단하는 생각들을 종이에 쓰고 질문해 볼 수는 있습니다. 그러면 건강하고 행복한 삶이 주어집니다.

세 번째 예를 찾으셨나요?

브라이언 나는 험담을 그만둘 필요가 있다.

케이티 좋습니다. 다음 문장을 봅시다.

브라이언 이건 사실 잘 모르겠네요. "당신은 그 사람을 어떻게 생각하나요? 목록을 만들어 보세요."(양식의 5번 항목.) 좋은 말들을 쓰진 않았는데, 맞는 거죠?

케이티 맞습니다. 생각 작업의 안내를 잘 따르셨네요.

브라이언 예. 그는 이기적이고, 그의 이익만 생각하고, 자기중심적이다.

케이티 뒤바꿔 보세요.

브라이언 나는 이기적이고, 내 이익만 생각하고, 자기중심적이다.

케이티 예. 마음에 질문하지 않고 살 때 당신은 너무 이기적이어서 보지 않으려 합니다…

브라이언 그 사람의 좋은 면들을.

케이티 예. 좋아요, 허니, 다음 문장은요?

브라이언 "당신이 그 사람과 다시는 경험하고 싶지 않은 것은 무엇인가요?"(양식의 6번 항목.) 이건 강력한 질문 같아요. 그래서 문장을 다 끝내지도 못했어요.

케이티 예.

브라이언 내가 쓴 문장은 "나는 아무것도 아닌 사람이라고 느끼고 싶지 않다"입니다.

케이티 그래요.

브라이언 사실은 이렇게 적으려고 했습니다. "나는 다시는 인정도 못 받고 중요하지도 않은 존재라고 느끼고 싶지 않다."

케이티 좋습니다. "나는 다시는 인정도 못 받고 중요하지도 않은 존재라고 느끼고 싶지 않다." 그럼 이제, "나는 기꺼이…"

브라이언 나는 기꺼이…

케이티 …느끼겠다…

브라이언 …느끼겠다…

케이티 …인정도 못 받고…

브라이언 인정도 못 받고 중요하지도 않은 존재라고.

케이티 나는 고대한다…

브라이언 후와! 나는 인정도 못 받고 중요하지도 않은 존재라고 느끼게 되기를 고대한다.

케이티 예. 왜냐하면 당신이 그렇게 생각하고 느낄 때, 느낌들은 당신이 무슨 생각을 하고 있는지 알려 줄 테고, 그러면 당신은…

브라이언 …그 생각을 바꿀 수 있으니까요.

케이티 당신은 생각들을 종이에 적고, 다시 시작할 수 있습니다. '생각 작업'을 계속해 보세요. 그래서 누가 "당신은 부족한 게 많은 사람이에요. 그래서 우리는 당신을 인정하고 싶지 않아요"라고 할 때, "음, 저도 예전엔 그렇게 믿었어요"라고 말할 수 있을 때까지….

그런데 양식에 실제로 쓴 문장이 뭐라고 했죠?

브라이언 나는 다시는 아무것도 아닌 사람이라고 느끼고 싶지 않다.

케이티 좋습니다. "나는 기꺼이…"

브라이언 나는 기꺼이 아무것도 아닌 사람이라고 느끼겠다.

케이티 "나는 고대한다…"

브라이언 나는 아무것도 아닌 사람이라고 느끼기를 고대한다.

케이티 예. 그렇게 느껴지면 그때는 '생각 작업'을 다시 할 때입니다. 스트레스를 일으키는 생각들에 질문할 때입니다. 내 경우, 예전에는 "나는 아무것도 아니야"라고 생각할 때면 마치 심장에 비수가 꽂히는 느낌이었습니다. 이제는 "나는 아무것도 아니야"라는 생각이 떠오르면, 나는 행복해합니다! 나는 아무것도 아닐 수 있습니다. 사실, 나는 아무것도 아닙니다.

감사합니다, 스윗하트. 잘하셨어요.

브라이언 고마워요, 케이티.

불면증 때문에
힘들어요

나는 지금 있는 현실을 사랑하는 사람이거나,
아니면 거부하는 사람입니다. 둘 중 하나입니다. 어느 쪽이든 괜찮지만,
후자의 경우에는 평생에 걸쳐 분리감과 외로움, 아픔,
고통을 경험하게 됩니다. 지금 있는 현실과 다투면 고통을 받습니다.

"나는 병이 있다"—그게 진실인가요?
당신은 자기를 겁먹게 할 수도 있고,
자기 마음에 질문을 할 수도 있습니다.

발레리 나는 약의 도움 없이는 잠을 못 자는 경험을 다시는 하고 싶지 않다. 지난 몇 개월 동안 생각 작업을 많이 했는데, 다른 사람들에 관해서만 했어요. 불면증에 관해서는 마음이 준비되지 않았거든요. 오늘은 준비가 되었어요.
케이티 예, 알겠어요. 내면으로 깊이 들어가서 잘 들여다보면 좋겠군요.
여기 오신 다른 분들도 혹시 병이 있다면 그게 무엇이든 한번 떠올려 보세요. 암이나 에이즈, 다발성 경화증 같은 큰 병이 없다면 감기 같은 가벼운 병도 좋습니다. 그리고 내가 발레리에게 질문을 할 때, 여러분도 각자 내면으로 들어가서 자신의 답을 찾아보세요. 발레리의 답을 기다리는 건 여러분에게 아무 의미가 없으니까요. 우리는 평생 다른 사람들의 답을 들었습니다. 하지만 정말로 가치 있는 것은 자기 내면으로 들어가서 자기의 답을 찾는 것입니다. 그러니 내가 발레리에게 질문을 하면, 여러분은 자기의 내면으로 들어가세요. 그것이 자기탐구입니다. 여러분이 지금까지 기다려 온 사람은 바로 여러분 자신입니다. 스스로 질문하고, 스스로 답해 보세요.
자, 스윗하트, 첫 번째 문장을 봅시다.

발레리 나는 만성피로증후군이 싫다. 왜냐하면 이것 때문에 일을 할 수 없기 때문이다.

케이티 예, "나에겐 만성피로증후군이 있다"―그게 진실인지 당신은 확실히 알 수 있나요? 나는 병에 관한 당신의 생각을 바꾸려는 게 아닙니다. 의사가 당신에게 그 병이 있다고 말합니다. 그렇죠?

발레리 예.

케이티 이건 누구의 생각을 바꾸려는 게 아닙니다. 탐구일 뿐입니다. "나에겐 만성피로증후군이 있다"―당신은 그게 진실인지 확실히 알 수 있나요?

발레리 사실 그건 개념이죠. 내 경험으로만 알 수 있는 건데, 항상 피곤하지는 않지만 가끔은 피곤해요. 그런데 제일 두려운 건 수면장애예요.

케이티 "나에겐 수면장애가 있다"―당신은 그게 진실인지 확실히 알 수 있나요? 다시 말하지만, 나는 당신의 생각을 바꾸려는 게 아닙니다.

발레리 예, 이해해요.

케이티 "나에겐 수면 장애가 있다"—당신은 그게 진실인지 확실히 알 수 있나요?

발레리 진실 같아요.

케이티 예. 하루에 여덟 시간은 자야 한다고 생각하니까요. 모든 사람이 그렇게 알고 있고, 모든 책에도 그렇게 쓰여 있죠.

발레리 수면제를 먹어야만 잠을 잘 수 있거든요. 약을 먹지 않을 때는, 약을 계속 복용하기 전에는 어떤 것에도 의지하지 않으려고 무척 노력했어요. 하지만 몸 상태는 엉망이었고 날마다 더 악화했죠. 벌써 8년 전 일이에요. 그런데 막상 약을 끊으려고 하면…

케이티 스윗하트, 지금 '이야기' 속으로 들어가고 있어요.

발레리 아, 그랬나요?

케이티 그래도 괜찮긴 하지만, 그건 생각 작업이 아닙니다.

발레리 이 문제에 관해 할 이야기가 아주 많거든요.

케이티 그런데 그 이야기가 당신을 생각 작업에서 벗어나게 합니다. 정직한 탐구는 내면에 있는 답이 그 질문과 만나도록 기다리는 것입니다. 당신의 지혜는 항상 말할 준비가 되어 있고, 질문에 대한 답을 줍니다. 하지만 '나는 알아' 하는 마음(I-know mind)은 그 답을 기다리는 대신 자기의 이야기를 다시 들려줄 거예요.

발레리 알겠어요.

케이티 자, 다시 질문하겠습니다. "나는 수면장애가 있다"—당신은 그게 진실인지 확실히 알 수 있나요?

발레리 진실처럼 느껴져요.

케이티 예. 내가 이 질문에 답을 해 보자면, 만약 내가 죽을 때까지 잠을 잘 수 없다면 나에게는 이것이 정상일 거예요. 지금 일어나는 일은 다 정상이기 때문입니다. 생각 작업을 처음 접하는 분들을 위해 말씀드리면, '정상'이라고 해서 의사에게 가지 않는다는 의미는 아닙니다. 약을 먹지 않는다는 의미가 아니에요. 그것은 어떤 것도 의미하지 않습니다—이것은 그냥 탐구에 관한 것일 뿐입니다. 하지만 만약 내가 약도 없고 의사도 없는 행성에 살고 있다면, 죽도록 잠을 못 자는 것이 나에겐 정상입니다. 그게 있는 그대로니까요.

발레리 바로 그런 느낌이에요. 죽을 것 같은. 정말 그래요.

케이티 나는 죽도록 잠을 못 자도 아주 편안합니다. 뭔가 다른 것을 하고 있어야—이 경우, 잠을 자야—한다는 기대를 하기 전에는 그렇습니다. 이것은 혼란이고, 혼란이 유일한 고통입니다.

나는 지금 있는 현실을 사랑하는 사람이거나, 아니면 거부하는 사람입니다. 둘 중 하나입니다. 어느 쪽이든 괜찮지만, 후자의 경우에는 평생에 걸쳐 분리감과 외로움, 아픔, 고통을 경험하게 됩니다. 지금 있는 현실과 다투면 고통을 받습니다. 수면 부족보다 더 고통스럽습니다. 그렇다고 해서 의사를 찾아가지 않는다는 의미가 아닙니다. 지금 있는 현실과 다투면 고통스러운 감정과 혼란을 경험하게 됩니다. 그리고 지금 있는 현실을 사랑하게 되면 고통이 끝납니다. 그 자리에서는 어떤 결정도 내릴 필요가 없기 때문입니다. 그래서 만약 내가 잠을 안 자면, 나는 그게 좋습니다. 그게 있는 그대로이기 때문입니다. 그리고 그 평화 속에서 나는 어디로 가야 할지, 무엇을 해야 할지 압니다. 그렇게 하는 것은 심지어 내가 아닙니다. '앎'이 그렇게 합니다. 그것은 지금 있는 것이며, 그 자체로서 스스로 움직입니다―신입니다. 그래서 그것은 더이상 혼란스럽지 않습니다.

만성피로증후군이 있다는 생각을 믿을 때, 당신은 어떻게 살아가나요? 밤에 잠을 자야 한다는 생각을 믿을 때, 자신을 어떻게 대하나요?

발레리 너무 어렵네요. 다시 한 번 질문해 주시겠어요?

케이티 그럼요, 스윗하트. 원하면 몇 번이고 그렇게 하겠습니다. 잠을 더 자야 하는데 그렇지 못하다는 생각을 믿을 때, 자신을 어떻게 대하나요? 어떻게 살아가나요?

발레리 항상 나 자신을 보호하는 것 같아요. 항상 두려워요.

케이티 예… 항상 두렵다. "나는 더 많은 잠이 필요해"라는 생각을 내려놓을 이유를 찾을 수 있나요?

발레리 예. 이렇게 계속 살고 싶지는 않아요.

케이티 너무 피곤해서 화장실까지 기어가야 하거나, 두려움 속에서 살아야 한다면, 어느 쪽을 택하시겠어요? 둘 중에 어떤 게 더 고통스러울까요?

발레리 약을 계속 복용하기 전을, 그때 내가 어떻게 살았는지를 떠올려 보면… 지금이 그때보다 덜 고통스러운 것처럼 느껴져요. 하지만 정말 그런지는 잘 모르겠어요.

케이티 그러니까 당신은 "잠을 더 자야 하는데 필요한 만큼 못 잔다"는 생각을 믿을 때 두려움 속에서 지내는군요. 잠을 더 자야 한다는 이야기를 유지할 이유 중에 스트레스 주지 않는 이유가 있나요?
(청중에게) 발레리는 잠을 더 자야 한다는 생각과 두려움을 붙들고 있습니다. "그걸 내려놓을 이유를 찾을 수 있나요?"라고 물으니 "예"라고 하는군요.
(발레리에게) "잠을 더 많이 자야 해"라는 이야기를 붙들고 있을 이유, 그 이유 중에 스트레스를 주지 않는 이유가 있나요?

발레리 이 부분이 좀 혼란스러워요. 그 이야기를 붙들고 있으면 해결책이, 해결책이라고 할 만한 것이 있어요. 내가 좋아하는 해결책은 아니지만요. 여러 가지가 있죠. 그것이 나를 죽지 않도록 보호해 줍니다.

케이티 스윗하트, "그 생각을 내려놓으면 죽을 것이다"—당신은 그게 진실인지 확실히 알 수 있나요? 어차피 당신은 언젠가는 죽습니다. 누구도 이걸 피하지 못합니다.

발레리 그렇긴 하죠. 그런데 걱정되는 건 죽음 자체가 아니라, 그

과정에서 겪을… 고통이에요.

케이티 그러니 당신의 이야기는 이런 겁니다. "이 이야기를 내려놓으면 나는 고통을 받을 것이고 잠을 통제하지 못할 것이다."

발레리 바로 그거예요.

케이티 당신은 그게 진실인지 확실히 알 수 있나요? (잠시 후) "그 이야기가 없다면 나는 보호받지 못할 것이다"―당신은 그게 진실인지 확실히 알 수 있나요?

발레리 문득 기억이 나는데, 약을 복용하기 전에는 미쳐 버릴 것 같았어요. 그때 그랬죠.

케이티 질문에 대답하지 않는 방식이 마음에 들어요!

발레리 내가 그랬나요? 다시 한 번 물어봐 주시겠어요?

케이티 과거에 살면, 유일한 현실인 지금 이 순간을 놓치게 됩니다.

발레리 이건 내게 가장 힘든 이야기예요.

케이티 예. "나는 잠이 더 필요해"라는 이야기를 내려놓으면 지금보다 더 나빠질 것인지 당신은 정말로 알 수 있나요?

발레리 죄송한데, 지금 너무 힘드네요! 정말로요!

케이티 오, 허니, 서두르지 말고 천천히 하세요. 원하는 만큼 몇 번이고 다시 질문해 드리겠습니다.

발레리 말은 들리는데, 그 말이 머릿속에 들어오질 않아요!

케이티 이 질문이 당신의 신성한 이야기, 당신이 숭배하는 이야기를 혼란스럽게 만들기 때문입니다. 그 이야기가 없다면? 신입니다. 하지만 생각에 대한 집착은 가짜 신입니다. 거기에 질문까지 하니 마음이 온통 동요하는 거예요. 그게 바로 탐구의 힘이죠. 자, "잠이 더 필요하다는 이야기가 없다면 나는 더 나빠질 것이다"—당신은 그게 진실인지 확실히 알 수 있나요?

발레리 알 수 없어요. 그건 내 마음속에 있는 두려움, 공포예요.

케이티 예. "나는 잠이 더 필요해"라는 이야기가 없다면, 당신은 누구일까요? 그 이야기를 들어 본 적도 없고, 그 이야기가 머릿속에 들어온 적도 없고, 다시는 그 생각을 할 수조차 없다면, 당신은 누구일까요?

발레리 걱정하지 않고 행복할 거예요. 활발하게 살아가겠죠. 내 할 일을 하면서.

케이티 "나는 잠이 더 필요하다"—뒤바꿔 보세요. "나는 잠이 더…"

발레리 나는 잠이 더 필요하지 않다?

케이티 어떤 느낌이 드나요?

발레리 (웃으며) 신성 모독처럼 느껴져요.

케이티 맞습니다. 당신은 환상을 배신하는 중입니다. 그것은 당신의 신에 대한, 당신이 숭배하는 대상에 대한 배신입니다. 이 뒤바꾸기가 조금 더 유연하게 느껴지나요?

발레리 이런 생각은 한 번도 해 본 적이 없어요! (웃음) 이럴 때는 어떻게 해야 하죠?

케이티 그냥 웃으면 됩니다.

발레리 나는 잠이 더 필요하지 않다. 좋아요!

케이티 누구에게나 그렇습니다. 어느 누구도 실제로 자는 잠보다 더 잘 필요가 없습니다. 이건 좋은 소식입니다. 잠이 더 필요한 적은 한 번도 없었고, 앞으로도 없을 거예요.

발레리 그러니까 나는 잠이 부족하다고 생각하지만, 실은 그만큼의 잠이 실제로 일어나는 일이라는 뜻인가요?

케이티 지금까지 언제나 그런 식이었습니다. 당신의 이야기 말고는, 언제나 그랬습니다. 그래야 하는 대로.

발레리 그럼 그게 의사에게 가거나 약을 먹는 걸 뜻하는 게 아니라면, 여기에선 어떻게 적용되는 건가요?

케이티 의사를 찾아간다고 가정해 보죠. 의사에게 갈 때 이 길로도, 저 길로도 갈 수 있지만, '어떻게' 갈 건가요? 평화롭게 갈 수도 있고, 극심한 스트레스와 두려움을 느끼며 갈 수도 있습니다.

발레리 알겠어요.

케이티 지금 있는 현실이 있습니다. 당신이 잠을 안 자서 나는 좋습니다. 잠을 자려 하는 대신 생각 작업을 할 수 있으니까요. 달리 할 일은 없습니다.

발레리 양식을 많이 들고 집으로 가야겠어요.

케이티 예. 내가 생각 작업을 해야 한다는 걸 어떻게 알까요? 잠이 안 와서 깨어 있으니까요. (한밤중에 혼잣말을 하는 듯) 어디 보자… 이제 뭘 해야 하지? 흐음. 나는 나를 겁먹게 할 수도 있고, 내 생각에 질문해 볼 수도 있어.

자, 좀 더 현실감 있게 해 봅시다. "나는 잠을 더 잘 필요가 없다"라는 뒤바꾸기가 당신의 삶에서 어떻게 진실한지 세 가지 예를 찾아보세요.

발레리 흠… 지금 자고 있는 잠으로도 그럭저럭 잘 지낸 것 같아요.

케이티 "같아요"는 빼겠습니다.

발레리 좋아요. 잠을 더 잘 필요가 없는 두 번째 이유는 내 몸에 얼마나 많은 잠이 필요한지를 모른다는 거예요. 어쩌면 다른 사람보다 잠이 덜 필요할지도 모르죠. 모르겠어요.

케이티 대단해요, 스윗하트! 세 번째 예는요?

발레리 (한참 후) 지금은 세 번째 예가 떠오르지 않네요.

케이티 괜찮아요. 생각 작업은 명상입니다. 나머지는 나중에 찾아봐도 됩니다. 또 다른 예를 찾을 시간은 앞으로 평생토록 있으니까요. 다음 문장을 봅시다.

발레리 나는 만성피로증후군이 사라지기를 원한다.

케이티 무엇 때문이죠?

발레리 그러면 평화를 찾을 수 있을 테니까요.

케이티 그것이 사라지기를 원한다는 이야기를 믿지만, 새벽 2시에 너무 피곤한데도 잠이 안 와서 깨어 있을 때는 어떤 느낌이 드나요?

발레리 사실 그런 적은 없어요. 약을 복용하거든요.

케이티 좋아요, 그래서…

발레리 보세요, 이렇게 나는 경험하지도 않으면서 언제나 그걸 두려워하며 살고 있어요.

케이티 좋아요. 그래서, "나는 만성수면장애가 있다"—당신은 그게 진실인지 확실히 알 수 있나요? (잠시 후) 알다시피, 당신에겐 수면장애가 없어요. 당신은 밤에 잠을 잡니다. 그게 현실이에요.

발레리 예, 약을 먹고 있으니까요.

케이티 잠을 자기 위해 약을 먹는 게 왜 괜찮지 않은가요?

발레리 난 그걸 아주 안 좋게 생각해요.

케이티 예.

발레리 정말 안 좋게 생각하죠.

케이티 그럼 자기 자신에게 물어보세요. 당신이 전문가니까요. 밤에 잠을 자기 위해 약을 먹는 게 뭐가 문제인가요? 지금 나는 잠을 자는 데 약을 이용하라고 홍보하는 게 아닙니다.

발레리 나는 잠을 자기 위해 약 먹는 걸 원치 않아요. 그런데도 그렇게 해요. 질문이 뭐였죠?

케이티 밤에 잠을 자려고 약을 복용하는 게 뭐가 문제인가요? 당신은 잠을 자길 원하나요, 자지 않기를 원하나요? 지금 두 가지를 동시에 원하고 있는 게 보이나요? 당신은 잠을 자고 싶고, 약은 복용하고 싶지 않습니다. 지옥에 온 걸 환영합니다.

당신이 약을 먹고 싶어 한다는 걸 내가 어떻게 알까요? 당신은 약을 먹고 있습니다. 그거예요. 그걸 인정하세요.

발레리 맞아요.

케이티 "나는 약을 먹고 싶지 않다"—뒤바꿔 보세요. "나는 약을…"

발레리 나는 약을 먹고 싶다.

케이티 예. 진실의 세계에 오신 걸 환영합니다.

발레리 예.

케이티 "나는 약을 먹고 싶어. 잠을 자고 싶으니까." 누가 "혹시 수면제를 복용하세요?"라고 물으면, 당신은 "예, 자고 싶어서요"라고 대답할 수 있습니다.

발레리 그러고는 그러는 나 자신을 미워할 거예요.

케이티 음, 그건 지금까지 이 점에 관해 솔직하지 않았기 때문입니다. 사람들은 "나는 약 먹는 게 싫어, 약 먹고 싶지 않아"라고 말합니다. 하지만 그건 거짓말입니다. 당신이 약을 먹고 싶어 한다는 걸 내가 알 수 있는 이유는 당신이 약을 먹기 때문입니다. 당신은 잠을 자기 위해 약을 먹고 싶어 합니다.

발레리 맞아요.

케이티 그러니 이제 잠을 잘 때 당신은 자신이 허락하는 걸 합니다. 하지만 약을 먹고 잠을 자면서 "나는 약 먹고 싶지 않아"라고 말하는 건 거짓말입니다. 그 문장을 다시 읽어 보세요.

발레리 나는 수면장애가 사라지기를 원한다.

케이티 "나는 수면장애가 있다"—그게 진실인가요?

발레리 진실처럼 느껴져요.

케이티 진실처럼 느껴져야 할 거예요. 수면장애가 있다는 생각에 집착하고 있으니까요. 당신은 그 생각을 느끼고 있습니다.

발레리 몸에서 그걸 경험하는데 그게 생각인가요?

케이티 그럴 거예요. 밤에 잠들었을 때, 마음이 고요할 때는 그런 느낌이 없습니다. 눈을 뜨면 그 생각을 하게 되고, 그걸 느낍니다.

발레리 맞아요.

케이티 생각이 원인이고, 느낌은 결과입니다.

발레리 알겠어요. 내게 수면장애가 있다는 것이 진실인가?

케이티 그게 진실인지 당신은 확실히 알 수 있나요?

발레리 이 질문을 해 보니, 내게 수면장애가 있다고 그동안 수없이 많이, 아마 백만 번도 넘게 말했다는 걸 알겠어요. 그래서 그만큼 많이 내면으로 들어가야 할 것 같아요. 마치 백만 개의 목소리가 나를 에워싸고 있는 것 같아요.

케이티 예, 내면으로 들어가서 답을 기다리는 건 얼마나 즐거운 일인지요. 나는 나에게 수면장애가 없다는 걸, 아무 문제가 없다는 걸 확실히 알고 있습니다. 하지만 생각장애는! 만약 내가 어떤 것이 문제라고 생각하면……

발레리 맞아요. 그런데 내게 수면장애가 없다는 걸 경험으로 아는 건, 아직은 정말 힘드네요.

케이티 염려하지 마세요. 그런 경험을 기대하지도 마세요. 그냥 안으로 들어가서 답을 찾고…

발레리 왜 기대하면 안 되나요?

케이티 기대를 하면 답이 어떠할 것이라고 미리 속단하게 됩니다.

발레리 알겠어요. (잠시 침묵)

케이티 "나는 수면장애가 있다"—당신은 그게 진실인지 확실히 알 수 있나요?

(청중에게) 지금 (수면장애 대신) 여러분의 에이즈를 적용해 보고 있나요? 암을 적용해 보고 있나요? 감기, 독감, 골절을 적용해 보고 있나요?

발레리 (잠시 후) 수많은 생각과 목소리가 들리는데, 어떻게 내면으로 들어가서 답을 찾죠? 마치 고장 난 레코드판 같아요. 수많은 목소리가 들려요.

케이티 목소리 하나하나에게 물어보세요. "스윗하트, 그게 진실이니? 그게 진실인지 확실히 알 수 있니?" 미래는 내다보지 마세요. 그냥 이 의자에 앉아 있는 지금 여기에서, "나는 수면장애가 있다"—당신은 그게 진실인지 정말로 알 수 있나요? 오늘 밤도 아니고, 나중도 아니고, 바로 지금?

발레리 이 이야기가 얼마나 엄청난 분량인지 깨닫는 중이에요. 천 장, 아니 2천 장쯤 되는 것 같아요. 내가 계속 나에게 얘기하고 있어요.

케이티 그래야 하는 대로…. 당신이 알아차려서 기쁘군요. 다음 문장을 봅시다.

발레리 다 같은 것들이에요.

케이티 늘 그렇죠.

발레리 나는 수면장애가 내 몸에서 사라지기를 원한다. 그래서 내가 약을 끊게 되기를 원한다. 보세요, 새로울 게 없잖아요?

케이티 뒤바꿔 봅시다. '수면'이란 단어를 '생각'으로 바꿔서 다시 읽어 보세요.

발레리 나는 생각장애가 내 마음에서 사라지기를 원한다.

케이티 예. 모든 것은 마음입니다. 전부 그런 식으로 읽어 보세요.

발레리 나는 생각장애가 내 마음에서 사라지기를 원한다. 그래서 내가 약을 끊게 되기를 원한다.

케이티 이 말이 원래 문장만큼 진실하거나 더 진실해 보이나요?

발레리 지금 보니까, 그동안 그 이야기가 계속되었고, 나는 약 복용의 이면에 무엇이 진실인지를 모르고 있다는 게 보여요. 그렇지만 내 생각이 나를 두려움에 떨게 한다는 건 알겠어요. 모든 문제가 결국은 그거네요.

케이티 그러니 그것은 생각장애입니다!

발레리 예, 그건 두려움이에요. 생각이 두려움을 낳고, 그게 돌고 돌면서 증폭되는 거죠.

케이티 잠을 더 자야 한다는 생각을 믿을 때는 어떤 일이 일어나나요?

발레리 두려움에 사로잡혀요. 거의 패닉에 빠진다고 할 수 있죠. 잠을 못 자는 걸 상상하고, 그 때문에 비참했던 기억을 떠올립니다.

케이티 그 이야기를 내려놓을 이유가 보이나요?

발레리 이 이야기는 너무 겁에 질리게 하니까요.

케이티 그 이야기가 심한 두려움을 준다면, 그 이야기를 내려놓을 이유가 보이나요?

발레리 예.

케이티 그 이야기를 간직할, 스트레스 주지 않는 이유가 있나요?

발레리 없어요! 이 이야기를 내려놓으면 내가 치유되는 데 도움이 될 거예요.

케이티 좋습니다. 몸의 치유는 우리가 관여할 일이 아니라고 말하고 싶군요. 우리는 마음을 탐구하고 있고, 몸이 아니라 마음을 치유하고 있습니다. 마음을 치유하세요. 그러면 몸은 저절로 따라옵니다. 다른 선택의 여지가 없습니다.

발레리 이 이야기를 내려놓으면 스트레스를 덜 받을 거예요.

케이티 나는 그 이야기를 내려놓으라고 하는 게 아닙니다. 나는 이야기를 사랑합니다. 이야기 말고 또 뭐가 있나요? 지금 우리는 이야기를 약간의 이해로 만나고 있습니다. 이야기를 내려놓은 사람은 아무도 없습니다. 이야기는 그냥 나타납니다. 우리가 창조하는 것이 아닙니다. 우리가 이야기를 하고 있는 게 아닙니다. 그것은 그냥 생겨납니다. 공기처럼.

발레리 우리가 이야기를 하는 게 아니라고요?

케이티 '당신'이 당신을 생각하나요? 당신은 아침에 일어나서 "나는 오늘 아침에 생각할 거야"라고 말하나요? 생각은 그냥 일어나지 않던가요? 그것은 지금 있는 것입니다. 좋은 이야기, 나쁜 이야기는 없습니다. 이해되지 못한 이야기들만 있을 뿐입니다. 전부 다 그렇습니다. 그중에는 굉장히 무서운 이야기들도 있습니다. 그래서 우리는 그 이야기들을 약간의 이해로 만나고 있을 뿐입니다.

발레리 그렇군요.

케이티 '당신'이 당신을 생각하나요? 당신은 의도적으로 생각을 하나요?

발레리 아뇨. 생각을 안 하려고 명상까지 하는데도, 소용이 없더군요. (청중이 웃는다.) 어떨 땐 운 좋게 생각을 지켜보기도 하는데, 그럴 때는 생각 속에 빠지지 않으니까 "아, 내가 제대로 하고 있어!" 하고 생각하죠. 그렇지만 대부분은 그렇게 하지 못해요.

케이티 "나는 잠이 더 필요해"란 이야기가 없다면, 당신은 누구일까요? 그 생각을 내려놓으라는 말이 아닙니다.

발레리 그 생각이 없다면 나는 누구일 것 같냐고요? 모르겠어요. 모릅니다.

케이티 당신은 잠을 자지 않는 사람, 기분 좋게 약을 먹는 사람일 수 있습니다.

발레리 다시 한 번 말해 주시겠어요?

케이티 당신은 그저 행복하게 살아갈 수 있습니다. 있는 그대로, 마음의 혼란 없이, 모순되는 두 가지를 동시에 원하지 않으면서…. 당신은 이런 식으로 지옥 속에서 8년 동안 살았습니다. 그러니 이제는 지옥 없는 삶을 사는 편이 낫지 않을까요?

발레리 그러니까 수면장애에 관한 생각을 바꾸고, 그걸 받아들여야 한다는 뜻인가요?

케이티 아니요. 당신은 생각을 바꿀 수 없습니다. 누구도 그렇게 할 수 없습니다. 그건 불가능해요. 나는 단지 생각을 탐구하고 생각을 약간의 이해로 만나라고 제안하는 거예요. 수면 부족이 당신을 괴롭히는 게 아닙니다. 고통스러운 건 당신의 생각입니다.
다음 문장을 봅시다.

발레리 또 반복되네요. 만성피로증후군, 수면장애는 내 몸에 있으면 안 된다.

케이티 그게 진실인가요? 그게 당신 몸에 있나요?

발레리 그게 내 몸에 있으면 안 된다는 것이 진실인가…?

케이티 당신은 그게 몸에 있다고 말했어요.

발레리 그래요. 내 몸에 있어요.

케이티 좋아요. 그럼 그게 당신 몸에 있으면 안 된다는 생각을 믿는데, 당신 말에 따르면 그게 몸에 있을 때, 당신은 어떻게 살아가나요?

발레리 그것과 싸웁니다.

케이티 전쟁을 벌이면 기분이 어떤가요?

발레리 패배감을 느낍니다.

케이티 그건 어떤 느낌인가요? 우울하고, 무기력하고, 겁나고, 외롭고… 또 어떤가요?

발레리 위축된 듯한 느낌.

케이티 위축되면 기분이 어떤가요?

발레리 우울합니다.

케이티 좋아요. 그 이야기를 내려놓을 이유가 보이나요?

발레리 예.

케이티 그 이야기를 간직할, 우울하게 하지 않는 이유가 있나요?

발레리 없어요.

케이티 그 이야기가 없다면 당신은 누구일까요?

발레리 더 평화로울 거예요.

케이티 좋아요. 이제 뒤바꿔 봅시다.

발레리 만성피로증후군은 내 몸을 떠날 필요가 있다. 이걸 어떻게 뒤바꾸죠? 내 생각은 내 몸을 떠날 필요가 있다. 내 생각은 내 마음을 떠날 필요가 있을 거예요.

케이티 뒤바꾸기에서는, 당신은 그냥 그걸 발견합니다. 자신이 찾는 걸 찾게 됩니다. 스윗하트, 내 마음은 멈추었답니다. 정말 멈췄어요! 나는 내 관념들을, 모든 사람이 가지고 있는 그 관념들을 이해로 만났습니다. 그것은 청소였습니다. 그것들은 그냥 있을 뿐,

아무 의미가 없습니다. 궁극적으로, 단어들은 탐구해 보면 아무 의미가 없습니다. 일어난 일은 그것이 전부입니다. 생각은 비나 바람 같습니다. 개인의 것이 아닙니다. 스트레스를 받지 않을 때는 살아가는 방법이 단순합니다. 그냥 살아집니다. 우리에게 어떤 통제권이 있다고 생각하는 게 놀랍기만 합니다. 그렇게 생각하면 몹시 고통스럽습니다.

또 다른 뒤바꾸기를 찾을 수 있나요?

발레리 만성피로증후군은 내 몸을 떠날…

케이티 …필요가 없다.

발레리 만성피로증후군은 내 몸을 떠날 필요가 없다. 하지만 그럴 필요가 있어요! (청중이 웃는다.)

케이티 스윗하트, 그냥 지금 이 순간, 이 뒤바꾸기를 경험할 수 있는지 보세요. 이것은 당신이 그토록 굳게 믿는 것, 당신의 신성한 종교, "만성피로증후군은 나를 떠날 필요가 있다"라는 종교의 반대쪽으로 깊이 들어갈 수 있는 기회입니다.

발레리 케이티, 이건 정말 힘들어요.

케이티 이해합니다. 그냥 예를 하나 드는 것부터 시작해 보세요.

발레리 (잠시 후) 음, 그게 나를 떠나지 않아도 내겐 여전히 살아갈 삶이 있을 거예요. 나는 여전히 나일 거예요. 그러니 궁극적으로는 그게 반드시 나를 떠나야만 하는 건 아니에요.

케이티 와!

발레리 그리고 만약 그게 나를 떠나지 않아서 밤에 자주 깨어 있다면, 그만큼 생각 작업을 많이 할 수 있겠죠.

케이티 예, 그렇죠. 세 번째 이유는요?

발레리 어쩌면 그것은 나에게 뭔가를 가르쳐 주려고 있는 건지도 모르겠어요. 그런데 나는 그것과 싸우느라 너무 많은 시간을 보내서 교훈을 제대로 깨달을 수 없었어요.

케이티 멋지군요, 스윗하트. 지금 당신은 대답을 찾기 위해 내면으로 깊이 들어가고 있습니다.

다음 문장을 살펴봅시다.

발레리 만성피로증후군은 잔인하다. 만성피로증후군은 고통스럽고, 무섭고, 자아를 무너뜨린다.

케이티 예. "내 생각은…"

발레리 내 생각은 잔인하다. 내 생각은 고통스럽고, 무섭고, 자아를 무너뜨린다.

케이티 예. 생각은 당신에게 잠을 자지 않으면 무서운 일이 있을 거라고, 잠을 자기 위해 약을 먹지 않으면 뭔가 무서운 일이 일어날 거라고 말합니다. 언제나 무서운 일이 일어날 수 있다고 말합니다. 생각은 그렇게 하면서, 당신이 계속 몸과 완전히 동일시하게 만듭니다. "나, 나." 이 생각 작업은 그저 알아차리는 것입니다. 나: 생존, 나: 편안함, 나: 즐거움. 즐거움, 고통—모든 즐거움은 고통입니다.

발레리 모든 즐거움이 고통이라고요?

케이티 내 경험으로는 그렇습니다. 모든 생각은 몸에 관한 것입니다. 몸의 생존, 몸의 편안함, 몸의 즐거움… 그리고 모든 즐거움은 고통입니다. 그것은 가망이 없습니다. 당신이 그렇게 두려워하는 것은 당연합니다. 그러니 집에 돌아가면, 생각을 조사해 보세요. 명상을 한다니 좋군요. 생각이 떠오르면 질문을 해 보세요. 이를테면, "'나는 잠이 더 필요해'—그게 진실이야?" 그러면 내면으로 들어가서 즐거운 시간을 보낼 수 있어요. 정말 신나는 일이죠! 마지막 문장을 봅시다.

발레리 내가 다시는 경험하고 싶지 않은 것 말인가요? 나는 앞으로 다시는 약의 도움 없이는 잠을 못 자는 경험을 하고 싶지 않다.

케이티 "나는 기꺼이…"

발레리 나는 기꺼이 약의 도움 없이 잠을 못 자는 경험을 하겠다.

케이티 예. 그럴 때는 다시 생각 작업으로 돌아올 수 있으니까요. 약을 복용하든 복용하지 않든 생각 작업을 해 보세요. "나는 고대한다…"

발레리 나는 약을 복용하지 않고 잠을 못 자는 경험을 고대한다. 정말 기대가 되네요.

케이티 예, 그러면 다시 생각 작업으로 돌아올 수 있습니다. 모든 것은 자기 깨달음을 위한 것입니다. 당신은 그동안 약에 관해 알았고, 잠에 관해 알았고, 의사에 관해 알았습니다. 이제는 자기를 아세요. 당신이 잘하는 거니까요. 내 경험상 여기에는 옳고 그름이 없습니다. 그저 마음을 탐구하세요. 나머지는 다 따라올 거예요. 일어날 수 있는 최악의 일은 이미 일어나고 있었습니다. 그러니 탐구를 해서 잃을 것은 하나도 없고, 오히려 자유를 얻게 됩니다. 그러니 이 이야기를 탐구해 보세요. 당신이 잠을 못 자는 것은 좋은 일입니다. 이제 당신은 뭘 해야 할지 압니다. 그런데 잠은 왜 자려고 하는 건가요?

발레리 그래야 제대로 활동할 수 있으니까요.

케이티 왜 활동하려 하나요?

발레리 그래야 나 자신을 돌볼 수 있으니까요.

케이티 왜 돌보려 하나요?

발레리 다른 사람들이 날 돌보게 하고 싶지 않으니까요.

케이티 왜죠?

발레리 좋은 질문이네요. 왜 그런지 알아봐야겠어요. 거기까진 생각해 보지 못했거든요. 그런데 생각만 해도 너무 겁이 나요!

케이티 당신을 돌볼 수 있는 특권을 우리에게서 빼앗아 가고 싶나요?

발레리 나는 남들을 돌보는 사람이어야 해요.

케이티 오, 정말요?

발레리 예.

케이티 그게 진실인가요?

발레리 아뇨, 아니에요.

케이티 당신은 받을 수 있나요? 주는 법은 잘 아니까, 이젠 받는 걸 시작해 보세요. 그 좋은 부분을 시작해 보세요. 주는 것과 받는 것은 동등하답니다. 그걸 완성시켜 보세요. 어쨌든 당신은 우리가 돌봐 주기를 원치 않는데, 왜 그런가요?

발레리 창피하니까요.

케이티 왜 그런가요?

발레리 모르겠어요.

케이티 그럼 당신은 창피 당하고 싶지 않은 거로군요. 왜죠?

발레리 나는 절대로 남들에게 보살핌을 받으면 안 돼요. 항상 남들을 돌봐 주는 사람이어야 하죠. 절대로 보살핌을 받으면 안 돼요. 그건 정말 큰 죄 같아요. 가톨릭에서 말하는 (지옥에 갈 만한) 대죄 말이에요.

케이티 그러니 무서운 거예요. 무서운 곳일 수밖에 없죠. 나는 나 자신을 전혀, 한 번도 돌보지 않았다는 것을 알게 되었어요. 내가 나를 돌보아야 한다는 건 내가 집착한 이야기였을 뿐이에요. 지금 당신의 손이 어디에 있나요? (발레리는 깜짝 놀란 듯 보인다. 그녀의 오른손은 뺨에 있고, 왼손은 무릎에 놓여 있다.) 당신이 손을 거기에 두었나요? 손이 있는 그곳에 손을 두겠다고 당신이 계획했나요?

발레리 예? 지금요? 아뇨. 내가 의식적으로 한 건 아닙니다. 아니에요.

케이티 흥미롭군요. 그렇게 한 건 당신이 아닐 수도 있습니다. 아마 당신은 그렇게 하도록 되어지고 있을지도 모릅니다. 당신이 자신을 숨 쉬게 하나요?

발레리 사실은 오늘 명상을 할 때 그 질문을 했었어요. 누가 숨을 쉬고 있는 거지? 잘 모르겠더군요.

케이티 그냥 대답해 보세요. 누가 숨을 쉬고 있나요?

발레리 (잠시 후) 모르겠어요!

케이티 나도 그렇습니다. 고마워요, 엔젤. 그곳은 아주 기분 좋은 곳이죠. "나는 모른다"라는 자리는…. 좋습니다.

발레리 감사합니다.

케이티 "나는 모른다"에는 굉장한 자유가 있습니다. 그것은 어린아이 같은 마음입니다. 아주 좋은 거죠. 알아야 할 것은 하나도 없습니다.

3

부모님은 내가 원하는 것을
허락하지 않을 거예요

자기의 생각을 믿을 때는 끔찍한 감옥에서 살고 있는 것과
같습니다. 자기의 믿음에 질문을 하면, 자기를 자유롭게 합니다.
그러면 마음이 활짝 열려서 그 모든 걸 누릴 수 있는 길을 보게 됩니다.
일자리, 노래하는 것, 그 모든 걸 다 누릴 수 있는 길을….

자신이 원하는 것을 부정하면서까지 다른 사람의 감정을
배려하려 애쓰고 있나요? 그 감옥에서 해방되세요. 그들이 당신을
못마땅해할지 어떻게 알 수 있나요? 설령 그렇다고 해도,
그것은 누구의 일인가요?

레베카 나는 이 '생각 작업'이 처음이에요. 친구가 오늘 이 모임에 초대해서 오게 되었는데, 세상에나! 여기까지 올라왔네요. 나는 부모 자식 간의 관계에 관해 썼어요. 사실, 이건 어머니와의 문제에서 비롯된 것 같아요. 그리고 양식을 쓸 때 솔직하게 쓰지 않았어요. 문제는 사실 (눈물을 참으려 하며) 지금의 인간관계에 있지 않아요. 그건… 아마 어머니와 풀지 못한… 아무래도 풀 수 없는 문제 같아요.

케이티 어머니와 아직 풀지 못한 문제가 무엇인가요?

레베카 음, 저는 보수적인 자메이카 가정 출신인데, 지금까지 12년 동안 미국에서 살았고, 가족과 같이 살고 있지 않아요. 그래서 내 힘으로 살아야 하고, 내 등을 토닥이며 "넌 지금 잘하고 있어!"라

고 말해야 하죠. 그런데도 나는…

케이티 스윗하트, 어머니와 어떤 문제가 있나요?

레베카 내가 정말, 정말 하고 싶은 게 있는데, 어머니의 허락을 받을 수 있을지 모르겠어요.

케이티 하고 싶은 게 무엇인가요?

레베카 음악… 이에요. 그런데 예전에 부모님은 음악을 하면 안 된다고 말씀하셨거든요. 보수적인 가정에서는 뭔가 실용적인 걸 해야 한다고 생각하죠.

케이티 그럼 당신이 음악을 직업으로 선택하겠다고 하면…

레베카 음, 그건 상상조차 할 수 없어요. 그런데도 나는 늘 음악을 생각하고, 그러면 음악이… (눈물을 참으려 한다.)

케이티 …그러면 음악이 넘쳐흐르는군요.

레베카 나는 비즈니스 영어를 가르치는데, 이 일이 아주 잘되고 있고, 이건 어머니도 인정해 주는 일이에요.

케이티 그럼 어머니가 허락하지 않을 일은 무엇인가요?

레베카 뭔가 실용적이지 않은 일, 위험 부담이 큰 일을 하는 거죠.

케이티 예를 들면요?

레베카 노래하는 거요.

케이티 어디서 어떻게 노래하는 걸 말하나요? 직업으로?

레베카 예.

케이티 그래서 "만약 당신이 직업을 그만두고…"

레베카 그건 생각할 수도 없어요.

케이티 "…가수가 되면, 어머니는 허락하지 않을 것이다"—그게 진실인가요?

레베카 어머니는 걱정 때문에 돌아가실 거예요.

케이티 정말 빨리 대답하는군요. 스윗하트, 이건 탐구입니다. 탐구는 표면의 밑에 있는 답을 찾아보는 겁니다. 이곳은 당신이 아직 알지 못하는 것에 마음과 가슴을 여는 자리입니다. "만약 당신이 직업을 그만두고 가수가 되면, 어머니는 허락하지 않을 것이다"—당신은 그게 진실인지 확실히 알 수 있나요?

레베카 확실히요? 확실히는 알 수 없지만, 어머니를 잘 알기 때문에… 백 퍼센트 확신은 할 수 없지만… 그렇지만…

케이티 당신의 철학을 내려놓아 보세요. 단서들을 내려놓고, 그냥 '예, 아니요'로만 대답해 보세요. 생각 작업은 명상입니다. "당신이 가수가 된다면, 어머니는 허락하지 않을 것이다"—당신은 그게 진실인지 확실히 알 수 있나요?

눈을 감고, 정말로 자신의 답을 찾아보세요. '예'라고 해도 좋고, '아니요'라고 해도 좋습니다. 어머니를 떠올려 보세요. 당신은 어머니가 허락하지 않을 거라는 걸 확실히 알 수 있나요?

레베카 (울면서) 나는 어머니가 살아가는 현실을 알아요. 대답은 '예'도 아니고 '아니요'도 아니지만, 나는 어머니의 현실을 안다고요.

케이티 이해합니다. 당신은 어머니를 생각해 줍니다. 어머니는 당신을 생각해 주고, 당신은 어머니를 생각해 주죠. (레베카가 웃는다.) 혹시 누구에게 어떤 말을 했는데 그게 진심은 아니었던 적이 있나요? "어머니는 허락하지 않을 것이다"—당신은 그게 진실인지 확실히 알 수 있나요?

레베카 허락이라는 단어를 다른 말로 바꿀 수 있을까요?

케이티 아니요. 당신이 가수가 되면 어머니가 허락하지 않을 것이라는 말이 진실인지 당신은 확실히 알 수 있나요?

레베카 (한참 후) 아뇨.

케이티 그걸 느껴 보세요. 자, "어머니는 허락하지 않을 것이다"라는 생각을 믿을 때, 당신은 어떻게 반응하나요?

레베카 어머니는 늘 걱정하는 분이에요. 걱정이 직업인 분이죠.

케이티 방금 나의 단순한 안내를 따르지 않았다는 걸 알아차리세요. 당신은 자신이 옳다고 여기면서, 질문에는 대답하지 않고 있습니다.

레베카 다시 한 번 질문해 주시겠어요?

케이티 "어머니는 허락하지 않을 것이다"라는 생각을 믿을 때, 당신은 어떻게 반응하나요? 그 생각을 믿을 때는 어떻게 살아가나요?

레베카 긴장하고, 낙담하고, 성취감을 느끼지 못하며 살아갑니다.

케이티 당신은 어머니가 그런 것들을 경험하지 않기를 바라면서도 정작 자신이 다 경험하고 있군요.

레베카 맞아요.

케이티 눈을 감아 보세요. 그리고 노래하는 당신을 보고 있는 어머니를 바라보세요. 이제 당신의 이야기는 잠시 내려놓고 그녀의 얼굴을 바라보세요. 그 생각이 없다면 당신은 누구일까요?

레베카 더 자유로울 거예요! 그다지 갑갑하지도, 불행하지도 않을 거예요. 그다지 불확실하지도, 절망적이지도, 무기력하지도 않을 거고요.

케이티 "어머니는 실망할 것이다"—뒤바꿔 보세요.

레베카 어머니는 실망하지 않을 것이다.

케이티 그것도 진실일 수 있을까요?

레베카 그럴 수도 있겠어요. 흥분하실지도 몰라요!

케이티 예. 누가 알겠어요?

레베카 하지만… 어머니는 이미 걱정거리가 차고 넘치는데 나까지 문제를 보태고 싶지는 않아요.

케이티 지금 우리는 생각 작업을 벗어났어요.

레베카 아.

케이티 어떻게 질문에 답하는 것에서 벗어나 다른 이야기로 옮겨갔는지 알겠어요?

레베카 예, 알겠어요.

케이티 조금 전에 "어머니는 실망할 것이다"를 "어머니는 흥분할 것이다"로 뒤바꿔 보았는데요. 이제 당신이 노래를 하고 노래하는 것을 좋아할 때 어머니가 왜 흥분할 수 있는지 세 가지 이유를 애기해 보세요.

레베카 왜냐하면 나는 내가 원하는 걸 하고 있을 테니까요. 용기를 내지 못해 어머니가 하지 못한 걸 내가 하고 있을 테니까요. 그리고 내가 행복할 테니까요.

케이티 그러니까 어머니가 흥분할 수 있는 이유는 당신이 좋아하는 일을 하고 있기 때문이고, 당신이 행복하기 때문이고, 어머니가 하고 싶었지만 하지 못한 일을 당신이 하고 있기 때문이라는 것이군요. "어머니는 실망할 것이다"—다른 뒤바꾸기를 찾을 수 있나요?

레베카 그건 또 하나의 걱정거리일 것이기 때문이다.

케이티 그것은 뒤바꾸기가 아니라, 이유입니다. "어머니는 실망할 것이다"—다른 뒤바꾸기를 찾을 수 있나요?

레베카 뒤바꾸는 방법을 잘 모르겠어요.

케이티 "어머니는 실망할 것이다." 어머니를 자신으로 바꾸어 보세요. "나는…"

레베카 나는 실망할 것이다, 만약 노래하지 않으면.

케이티 어머니가 평소에 실망을 많이 하나요?

레베카 예.

케이티 그럼 만약 당신이 노래하면, 어머니가 덜 실망할까요? 어머니는 이미 실망하고 있어요!

레베카 하지만 어머니는 나에게는 실망하지 않았어요.

케이티 만약 어머니가 당신에게 완전히 실망해 버리면, 일어날 수 있는 최악의 일은 무엇인가요? 당신은 직업을 그만두고, 노래를 부르고 있고, 어머니는 당신에게 몹시 실망합니다. 당신에게는 이것이 악몽입니다. 어머니가 당신에게 실망할 때 일어날 수 있는 최악의 일은 무엇인가요? (침묵)

그러면 당신이 어머니의 역할, 실망한 어머니 역할을 맡으세요. 과장해도 됩니다. 나는 그녀의 딸, 그녀를 무척 사랑하는 딸, 가슴으로 노래하는, 노래를 사랑하는 딸, 바로 당신의 역할을 맡겠습니다. 이건 어머니가 무슨 말을 할 거라고 당신이 생각하는지 경험해 볼 기회입니다.

케이티 (레베카 역할) "엄마, 있잖아요. 저 일 그만뒀어요. 저 이제 노래 불러요."

레베카 (엄마 역할) "뭐라고? 너 완전 제정신이 아니구나? 너 정신 나갔니?"

케이티 "엄마, 저 직장도 잃고, 직업도 잃고, 다 잃었어요. 전부 다요."

레베카 "어떻게 된 건데?"

케이티 "저 가수가 되기로 마음먹었어요. 그게 제가 하고 싶은 일이에요. 전 노래하는 게 너무 좋아요."

레베카 "레베카, 너 어떻게 먹고살려고 그러니?"

케이티 "잘 모르겠어요."

레베카 "신이시여, 저희를 도우소서!" (청중이 웃는다.)

케이티 "제가 믿는 게 그거예요." (청중이 웃으며 박수를 친다.) "엄마,

실망하셨어요?"

레베카 "우리 형편이 넉넉하지 않다는 건 너도 알잖니. 너를 도와줄 수가 없어. 너희 아버지도 돌봐야지, 남동생들도 있지, 여동생도 있지, 게다가 조카까지 돌봐야 하니…."

케이티 "전 엄마가 어떻게 그걸 다 해내는지 모르겠어요. 엄마, 제가 노래하는 걸 들어 보실래요?"

레베카 "지금 농담할 기분 아냐."

케이티 "농담 아니에요. 노래를 하면 전 정말 행복해져요. 어쩌면 엄마가 제 노래를 듣고 싶어 할지도 모른다는 생각이 들었어요."

레베카 "레베카, 지금 여기에서 무슨 노래를 한다고 그러니."

케이티 "엄마는 지금 너무 큰 짐을 지고 계시잖아요. 저도 어떻게든 최선을 다해서 도울게요. 엄마가 어떻게 그 모든 걸 다 하실 수 있는지 놀라울 뿐이에요. 엄만 정말 대단하세요."

(그녀 자신으로 돌아와서) 어머니가 그렇게만 얘기할까요?

레베카 아뇨, 엄마는 아마 이렇게 말씀하실 거예요. (다시 어머니 역할로 돌아와서) "레베카, 우린 다들 널 걱정한단다. 난 네가 걱정돼… 넌 너무 멀리 떨어져 있으니까. 누가 널 먹여 주고 재워 주겠니?"

케이티 "제가 혹시 밥을 굶게 되면, 꼭 전화드릴게요."

레베카 "레베카, 우린 널 사랑한단다. 우리 딸, 사랑해. 나한테 제일 중요한 건 네 행복이야."

케이티 "엄마는 정말 대단하세요… 엄마는 제게 단 한 번도 실망했다는 말을 한 적이 없다는 거 아세요? 제가 실망하셨냐고 여쭤봤는데도 엄마는 그 말을 듣지도 않은 것처럼 저를 대해 주시잖아요. 정말 놀라워요. 제게 지금까지 항상 그러셨죠. 항상 제가 행복하기만을 바라셨어요."

레베카 "그래."

케이티 (그녀 자신으로 돌아와서) 그래서, "어머니는 실망할 것이다"—당신은 그게 진실인지 확실히 알 수 있나요?

레베카 (침묵) 아뇨, 모르겠어요. 진짜 놀랍네요. 훨씬 가벼워진 느낌이에요. 고맙습니다.

케이티 예, 스윗하트. 자기의 생각을 믿을 때는 끔찍한 감옥에서 살고 있는 것과 같습니다. 자기의 믿음에 질문을 하면, 스스로 자유로워집니다. 그러면 마음이 활짝 열려서 그 모든 걸 누릴 수 있는 길을 보게 됩니다. 일자리, 노래하는 것, 그 모든 걸 다 누릴 수 있는 길을…. 그리고 만약 당신이 직장에 나간다면, 그건 스스로 그걸 선택했기 때문이라는 걸 알 수 있습니다. 그래서 "나는 엄마 때문에 내가 하고 싶은 걸 못하고 살았어. 엄마를 실망시키고 싶지 않아서 노래를 할 수가 없었어"라고는 말하지 않을 것입니다. 그 말이 타당해 보이지 않을 테니까요.

레베카 예, 이젠 그 말이 타당해 보이지 않아요.

케이티 고맙습니다. 스윗하트, 지금 이 자리에서 노래해 보시겠어요? (청중이 휘파람을 불고 환호하며 박수를 친다.)

레베카 좋아요! 그런데 이건 우리 엄마가 좋아할 만한 노래는 아니에요.

케이티 그게 진실인지 확실히 알 수 있나요?

(레베카는 웃고 나서, 열정적인 사랑 노래를 부른다. 청중이 열렬한 박수를 보낸다.)

월세를 올리면
안 됩니다

그런데 스트레스는 선물입니다. 스트레스는 우리의 생각이 그 순간 균형에서 벗어났다는 걸 알려 줍니다. 모든 불편한 감정은 선물입니다. 세상을 바꾸면 그런 감정이 바뀌리라 믿고서, 우리는 세상을 바꾸려고 수천 년 동안 노력했습니다. 하지만 아무 효과도 없습니다. 그러나 스트레스를 불러일으키는 생각을 탐구하면, 그 감정은 저절로 바뀝니다. 그럴 수밖에 없습니다.

독일에서 나누었던 다음 대화를 통해 우리는 월세 인상이
선물이며 법은 스승이라는 것을 배우게 됩니다.
변화를 이루는 길은 당신의 적이 실은 친구임을 아는 것입니다.
탐구를 해 보면 그렇다는 것이 명백해집니다.

에안스트 나는 임대인(정부)에게 화가 난다. 왜냐하면 그들은 집의 월세를 법으로 정한 한도 이상으로 올리려 하기 때문이다.
케이티 "사람들은 법을 어기지 말아야 한다"―그게 진실인가요?
에안스트 예.
케이티 당신이 월세를 지불하면 그들은 법을 어긴 게 될 텐데요.
에안스트 나는 지불하고 싶지 않아요!
케이티 당신은 월세를 지불하고 있나요?
에안스트 안 할지도 몰라요. 그 일로 법정에서 싸워 보려 하거든요.
케이티 그렇군요.
에안스트 하지만 이 일 때문에 기분이 안 좋습니다. 이건 단지 생각

만이 아닙니다. 실제로 마음이 안 좋아요.

케이티 "사람들은 법을 어기지 말아야 한다"—그게 진실인가요? 현실은 어떤가요? 사람들이 법을 어기나요?

에안스트 예.

케이티 그런데 "사람들은 월세를 올리면 안 된다"—그게 진실인가요?

에안스트 진실입니다. 그런데도 사람들은 월세를 올립니다.

케이티 나에게 진실이란 지금 실제로 일어나고 있는 일입니다. 당신이 좋아하든 싫어하든 그들은 월세를 올리고 있습니다. 현실에는 '해야 한다'나 '하지 말아야 한다' 같은 것이 없습니다. 이것들은 우리가 현실에 덧붙이는 생각일 뿐입니다. '해야 한다'와 '하지 말아야 한다'가 없으면, 우리는 현실을 있는 그대로 볼 수 있습니다. 그럴 때 우리는 효율적이고 분명하고 분별력 있게 행동할 수 있습니다. 그들이 월세를 올리나요?

에안스트 예.

케이티 그럼 사람들은 월세를 올려야 합니다. 왜냐하면 그들이 그렇게 하니까요. 진실한 것은 그것입니다. 우리는 그렇게 합니다. 우리는 법을 어깁니다. 우리는 월세를 올립니다. 그렇게 하지 않을 때까지는…. 당신은 돈을 지키고 싶나요?

에안스트 예.

케이티 그들도 자기의 돈을 지키고 싶어 합니다. 그러니 당신들은 공통점을 갖고 있습니다. "사람들은 월세를 올리면 안 된다"는 이 거짓말에 집착할 때, 당신의 내면에서는 어떤 일이 일어나나요? 내가 그걸 거짓말이라고 하는 이유는, 현실이 뭔지 살펴보면 당신이 지금 있는 현실과 다투어 왔다는 것을 알 수 있기 때문입니다.

에안스트 내 안에서도 그렇게 느껴집니다.

케이티 당신은 그 거짓말에 집착합니다. 그들이 월세를 올리는 것이 현실인데도 당신은 월세를 올리면 안 된다고 진짜로 믿고 있습니다. 당신이 읽고 있는 문장이 현실을 알려 주고 있습니다. 현실은 당신의 월세가 올랐다는 것입니다. 멈추고 질문을 해 보면, 우리가 사실은 지금 있는 현실을 사랑하고 있다는 것을 알게 됩니다. "사람들은 월세를 올리면 안 된다"는 이야기가 없다면 당신은 누구일까요?

에안스트 다른 일들을 할 시간이 더 많아질 겁니다. 더 자유로운 기분일 거예요.

케이티 좋네요. 그 문장을 뒤바꿔 보시겠어요?

에안스트 나는 월세를 올리면 안 된다?

케이티 당신은 내면의 월세를 올리고 있고, 스스로 많은 시간과 에너지를 낭비하게 만들고 있습니다. 이제 이 뒤바꾸기가 어떻게 해서 원래의 문장만큼 진실하거나 더 진실한지 세 가지 예를 찾아보세요.

에안스트 나는 내 내면의 월세를 올리면 안 된다. 예, 알겠어요.

케이티 다른 두 가지 예는요?

에안스트 내가 집주인이라면 나는 월세를 올리면 안 된다. 흠. 그럼 문제가 될지 모르겠네요. (청중이 웃는다.)

케이티 아, 그런가요? 당신이 그 입장이 되면 당신이 바라는 것처럼 하기가 그리 쉽지 않다는 걸 알게 될 수도 있겠죠. 특히 당신의 비용이 늘어나기 시작하면…. 하지만 월세를 올리지 말아야 한다는 것은 당신의 철학입니다. 그러니 그렇게 실천하세요. 세 번째 예는요?

에안스트 나는 애인에게 월세를 올리면 안 된다. 그녀한테 화가 났을 때, 마음속으로 그녀에게 더 많은 비난을 하거나, 더 많은 걸 요구하거나, 화풀이를 하면 안 된다.

케이티 좋아요. 스윗하트. 다음 문장을 봅시다.

에안스트 나는 그들이 법을 지키기를 원한다.

케이티 가망 없는 일이에요. 그건 판사가 할 일이고, 법원에서 할 일입니다. 뒤바꿔 보세요.

에안스트 나는 내가 법을 지키기를 원한다. 하지만 내가 반드시 그러기를 바라지는 않아요. (청중이 웃는다.)

케이티 (청중에게) 여러분도 이런가요? (청중이 다시 웃는다.)
(에안스트에게) 어떤 법을 지키고 싶지 않나요?

에안스트 주차 규정 같은 거죠.

케이티 그게 진실인가요? 당신은 주차 위반 딱지를 받고 싶나요, 아니면 법을 지키고 싶나요?

에안스트 주차 위반을 해도 안 걸리고 넘어가길 바랍니다.

케이티 (웃으며) 이게 우리의 목소리입니다. 스윗하트, 어떤 게 더 쉬운가요? 좋은 불법 주차 장소에 주차한 뒤 주차 위반 딱지를 받을 위험을 감수하는 것과, 합법적인 주차 장소를 계속 찾는 것 중에….

에안스트 가장 쉬운 건 당신처럼 하는 거겠죠. 누가 당신에게 "이렇게 저렇게 하세요"라고 하면 그대로 하는 거요. 아주 쉽겠죠.

케이티 글쎄요, 법은 그걸 아주 쉽게 해 줍니다. 법은 위대한 스승처럼 우리가 무엇을 해야 하는지 알려 줍니다. 아주 분명합니다. 여기에 주차하면 딱지를 발부받습니다. 저기에 주차하면 그렇지 않습니다. 단순합니다. 어떤 애매함도 없습니다.

비행기에서 뛰어내린 뒤 낙하산 줄을 잡아당겼는데 낙하산이 펴지지 않으면 두려움을 느낍니다. 잡아당길 두 번째 줄이 남아 있기 때문입니다. 그래서 두 번째 줄을 당겼는데 역시 낙하산이 펴지지 않습니다. 그게 마지막 줄입니다. 이제는 결정할 것이 하나도 없습니다. 결정할 것이 없을 때는 두려움도 없습니다. 그러니 그냥 그 여행을 즐깁니다!

법을 지키면 평화가 있습니다. 법과 다투면, 법을 어기고 처벌을 모면하려 하면, 많은 스트레스를 받게 됩니다. 나는 세상의 법을 좋아합니다. 법은 내 삶을 아주 단순하게 만들어 줍니다. 그리고 당신의 내면이 자유로울 때는 어떤 정부도 당신에게서 그 자유를 빼앗아 갈 수 없습니다. 자, 다음 문장을 읽어 주세요.

에안스트 그들은 내 돈을 가져가는 이상한 방법을 찾아내려 해서는 안 된다.

케이티 뒤바꿔 보세요.

에안스트 나는 내 돈을 잃는 이상한 방법을 찾아내려 해서는 안 된다.

케이티 "나는 내 돈을 지키는 이상한 방법을 찾아내려 해서는 안 된다."

에안스트 예. 그리고 첫 번째 뒤바꾸기도 맞습니다. 만약 이 일로 법정까지 가게 되면 오른 월세를 내는 것보다 더 많은 비용을 지불할지 모르거든요.

케이티 좋은 예로군요. 어떤 문장들의 경우는 당신이 쓴 원래 문장보다 더 진실한 뒤바꾸기를 대여섯 개씩 찾을 수도 있습니다. "그들은 당신의 돈을 가져가려 해서는 안 된다"—그게 진실인가요?

에안스트 아닙니다.

케이티 그들이 당신의 돈을 가져가려 해서는 안 된다는 생각을 믿을 때, 당신은 어떻게 반응하나요?

에안스트 매달 그들에게 돈을 보낼 때마다, 그리고 그걸 생각할 때마다 정말 화가 납니다.

케이티 예. 그럴 때 당신은 어떻게 살아가나요?

에안스트 스트레스를 받습니다. 불행합니다.

케이티 그러니 진실하지 않은 이야기에 집착하면 많은 스트레스를 받는다는 것이 점점 분명해지는군요. 그런데 스트레스는 선물입니다. 스트레스는 우리의 생각이 그 순간 균형에서 벗어났다는 걸 알려 줍니다. 모든 불편한 감정은 선물입니다. 세상을 바꾸면 그런 감정이 바뀌리라 믿고서, 우리는 세상을 바꾸려고 수천 년 동안 노력했습니다. 하지만 아무 효과도 없습니다. 그러나 스트레스를 불러일으키는 생각을 탐구하면, 그 감정은 저절로 바뀝니다. 그럴 수밖에 없습니다. 우리가 영사기(마음)를 바꾸면, 그것이 투영하는 세상도 바뀔 수밖에 없기 때문입니다. 우리에게 진실하지 않은 이야기를 믿지 않으면, 우리는 스트레스를 느낄 수 없습니다.

다음 문장을 봅시다.

에안스트 그들(정부)은 시민으로서의 내 권리를 존중할 필요가 있다.

케이티 그들이 존중하지 않는지 당신은 알 수 있나요?

에안스트 아뇨, 잘 모릅니다.

케이티 그들이 시민으로서의 권리를 존중하지 않는다는 생각을 믿을 때, 당신은 어떻게 반응하나요?

에안스트 내가 집 없는 노숙자처럼 느껴집니다.

케이티 예, 이 세 번째 질문은 당신을 몇 시간이고 내면으로 데려가 줄 수 있습니다. 그런 생각을 믿을 때, 당신은 바깥에 있는 것, 세상에 휘둘려서 집을 잃은 희생자가 됩니다. 그런 생각을 믿으면 무서울 수밖에 없고, 그 생각은 다른 모든 사람과 모든 것 위로 넘쳐 흐르게 됩니다. 혹시 자녀가 있나요? 그들 대신에 자녀를 넣어서 다시 읽어 보세요.

에안스트 내 딸은 아버지로서의 내 권리를 존중할 필요가 있다.

케이티 가망이 없어요! 그리고 그건 사랑이 아닙니다. 그 문장에서 사랑이 느껴지나요?

에안스트 아닙니다.

케이티 당신은 딸이 당신을 존중해야 한다는 생각을 믿는데, 딸은 아버지로서의 권리를 존중하지 않는 것처럼 행동할 때, 당신은 그녀를 어떻게 대하나요?

에안스트 사물처럼, 사람이 아닌 것처럼 대합니다.

케이티 그럴 때는 기분이 어떤가요?

에안스트 기분이 좋지 않습니다.

케이티 우리가 당신을 존중해야 한다는 이야기가 없다면, 당신은 누구일까요?

에안스트 많이 자유로울 겁니다.

케이티 그 문장을 뒤바꿔 보세요.

에안스트 나는 시민으로서의 내 권리를 존중할 필요가 있다.

케이티 당신은 법정에 갈 때 그렇게 합니다. 결정은 그들의 손에 맡기세요. 그건 그들의 일입니다. 나의 일은 나의 생각을 전달하는 것이고, 그것으로 끝납니다. 그 이후는 더이상 나의 일이 아닙니다. 공정하다고 판단되는 결정을 하는 것은 법원의 일입니다.

또 다른 뒤바꾸기가 있군요.

에안스트 나는 정부의 권리를 존중할 필요가 있다.

케이티 예, 특히 당신의 마음속에서. 나는 이 뒤바꾸기가 좋습니다. 여기에 담겨 있는 대단한 유머를 발견하기 때문입니다. 그것은 내게 자유롭게 살아가는 방법을 보여 줍니다. 내가 정부를 존중하지 않을 때는 스트레스를 받습니다. 그리고 정부를 존중하는 것이 행복으로 가는 길임을 알게 될 때, 나는 큰 기쁨을 느낍니다. 거리를 걸을 때면 정부가 내 주차 요금으로 도로를 어떻게 잘 유지하는지를 보면서 감사함을 느낍니다. 집에서 뭔가를 만질 때면 나는 그 모든 것이 정부와 내게서 제공된 것임을 압니다. 그것은 분리가 없는 완전한 통합과 협력입니다. 그것은 천국입니다. 정말로 천국입니다.

에안스트 지금까지 들어본, 천국으로 가는 길 중에 제일 이상한 길이네요.

케이티 이것을 직행로라고 합니다. 나는 도로에 입맞춤을 할 수도 있습니다. 분리가 없을 때는 나는 그것까지도 나라는 것을 알 수 있습니다. 그것은 내 몸에 입맞춤을 하는 것과 같습니다.
다음 문장을 봅시다.

에안스트 나는 그들이 욕심 많고, 사기를 치고, 사람들을 속이는 법의 허점을 찾고 있다고 생각한다.

케이티 그것은 누구의 일인가요?

에안스트 그들의 일입니다.

케이티 마음으로 정부의 일에 관여할 때는 어떤 기분이 드나요? 절망적인 희생자 같나요? 마음으로 정부의 일에 관여할, 스트레스 주지 않는 이유가 있나요?

에안스트 아뇨, 없습니다.

케이티 당신의 이야기가 없다면 당신은 누구일까요?

에안스트 춤을 출 겁니다. 기쁨이 넘칠 거예요. 경찰관이 아니라 춤추는 수도승일 겁니다.

케이티 예. 이제 뒤바꿔 보세요.

에안스트 나는 욕심 많고, 사기를 치고, 사람들을 속이는 법의 허점을 찾고 있다. 맞습니다.

케이티 특히 정부를.

(청중에게) 여러분도 이렇지 않나요? 이건 정신적으로 지옥에서 사는 겁니다. 만약 정부가 바뀌기를 바란다면, 그 생각을 뒤바꿔서 당신이 공직에 출마하세요. 아니면 당신이 모을 수 있는 모든 정보를 모아서 문제를 알리고 법원에 소송을 제기하세요. 그리고 마음으로는 자기 자신의 일에 머무르세요. 당신이 이렇게 산다면 우리는 당신을 따를 것입니다. 당신은 살아 있는 본보기입니다. 우리는 말이 아니라 삶으로 가르칩니다. 그런데 당신이 그렇게 살지 않는다면, 당신이 우리에게 가르치는 것은 오직—당신이 투사하는—부정한 정부에 희생당한 절망적인 희생자로 사는 것뿐입니다.

나는 사람들에게 남을 돕거나 친절한 선행을 날마다 세 가지씩 해 보라고 권하는 걸 좋아합니다. 아무도 모르게 해야 하는데, 혹시 누가 알게 되면 처음부터 다시 시작하는 겁니다. 이것은 자유를 배우는, 당신의 본성대로 살기 시작하는 하나의 길입니다. 당신에게는 매일 정부를 돕는 세 가지 일을 해 보라고 제안하고 싶군요. 당신 자신을 위해서.

생각 작업을 하는 사람들은 그동안 빚진 것을 갚기 시작합니다. 당신이 파산을 신청하면 정부는 당신의 채무를 다 없애 줍니다. 당신은 어떻게 생각하나요? 만약 한 달에 1달러를 갚을 수 있다면, 그렇게 하세요. 당신 자신을 위해서. 정부와는 아무 상관이 없습니다. 우리가 다루고 있는 것은 바로 당신의 자유입니다.

자, 스윗하트, 다음 문장을 봅시다.

에안스트 나는 다시는 사람들이나 정부기관에 속고 싶지 않다.

케이티 나는 기꺼이…

에안스트 나는 기꺼이 사람들이나 정부기관에 속겠다.

케이티 예. 그 순간 당신을 속여서 자유를 빼앗을 수 있는 것은 오직 당신의 마음뿐이기 때문입니다. 그리고 그것은 이해의 부족일 뿐입니다. "나는 고대한다…"

에안스트 나는 사람이나 정부기관에 속기를 고대한다. 그러지 못할 이유가 없죠.

케이티 예, 물론입니다. 만약 그 때문에 마음이 아프면, 당신을 아프게 하는 것은 당신의 생각입니다. 다른 무엇도 그렇게 할 수 없습니다. 내 경험으로는, 여기에는 어떤 예외도 없습니다. 내 자유에 대한 책임은 온전히 나에게 있습니다.

만약 어떤 사람이 당신의 화나 슬픔에 공감하고 위로해 준다면, 그들은 실제로는 당신이 맑은 정신으로 돌아오지 못하도록 도울 뿐입니다. "예, 당신이 옳아요, 정부는 당신을 속이고 있어요. 세상은 불공평해요." 우리는 그들을 친구라고 부릅니다. 친구란 단지 당신에게 동의해 주는 사람일 뿐입니다.

에안스트 모든 친구가 그렇게 하죠.

케이티 그러니 나에게 적(敵)을 데려다주세요. 적들은 내가 아직 발견해 내지 못한 것들을 분명하게 알아봅니다. 따라서 적이야말로 친구입니다. 당신은 자기의 생각을 옹호하려고 어디로, 누구에게 가나요? 그들이 이런저런 식으로 당신에게 반대하기 전까지 그 효과가 얼마 동안 지속되던가요? 당신이 바로 당신의 자유입니다.

어머니는 나를
사랑하지 않아요

자기 자신과 평화로울 때는 이미 여기에 있는 것을
볼 수 있습니다. 그때는 당신에게 필요한 것이 아무것도 없습니다.
필요한 모든 것은 바로 여기에 있습니다.
그것을 볼 수 없는 까닭은 생각을 믿고 있기 때문입니다.

그동안 자신이 환상 속에서 살았다는 걸
깨닫게 되면, 진심으로 사랑할 수 있는 사람을 발견하게
됩니다. 그 사람은 바로 당신입니다.
이것이 모든 관계의 열쇠입니다.

패트릭 나는 엄마에게 화가 난다. 왜냐하면 엄마는 정서적으로 문제가 있고, 내가 정체성의 혼란을 겪게 했으며, 나를 희생자로 만들었고, 한 번도 나에게 엄마였던 적이 없고, 과거에 얽매여 살기 때문이다.

케이티 "엄마는 한 번도 나에게 엄마였던 적이 없다"—그게 진실인가요?

패트릭 (긴 침묵 후) 아니요. 그렇지 않아요. 가끔은 좋은 엄마였어요. 나름대로 최선을 다하셨죠.

케이티 그걸 알게 되어 좋지 않나요?

패트릭 예.

케이티 "엄마는 한 번도 나에게 엄마였던 적이 없다"라는 생각을 믿을 때, 당신은 어떻게 반응하나요? 눈을 감아 보세요. "엄마는 한 번도 나에게 엄마였던 적이 없어." 이제 그 생각을 믿을 때 자신이 어떻게 반응하는지 지켜보세요.

패트릭 엄마에게 화가 나고 미친 듯이 원망하게 됩니다. 내가 불쌍하게 느껴집니다. 완전히 무기력해집니다. 내가 사랑스럽지 않은 존재라고 느낍니다. 엄마도 날 사랑하지 않는데 어느 누가 날 사랑할 수 있겠어요?

케이티 이제 "엄마는 한 번도 나에게 엄마였던 적이 없어"라는 생각을 믿을 때, 마음이 어디로 가는지 지켜보세요. 그 생각이 옳다는 것을 마음이 어떻게—과거의 영상들, 어머니의 말, 어머니의 행동들이라는 증거들로—증명하려 하는지 보세요. 그 생각이 옳다는 것을 증명하기 위해 마음이 어머니를 어떻게 말살시켜 버리는지 지켜보세요.

패트릭 엄마가 내게 고함치는 모습이 보입니다. 언제나 나를 차갑게 대하고 남동생들과 여동생들에게만 관심을 기울이는 모습도 보이고요. 방과 후에 나를 데리러 학교에 오는 걸 잊어버렸던 때도 떠오릅니다. 일곱 살 때는 돈이 없다면서 생일 파티도 열어 주지 않았죠.

케이티 그러니까 "엄마는 한 번도 나를 위해 곁에 있어 준 적이 없어"라는 생각을 믿을 때, 당신은 그런 식으로 반응을 하는군요.

패트릭 자연스럽게 정당화를 시킵니다.

케이티 마음은 할 일이 있는데, 그건 집을 찾는 것입니다. 쉴 곳을 찾지요. 마음은 오직 진실 속에서만 쉴 수 있습니다. 당신이 "엄마는 한 번도 나를 위해 곁에 있어 준 적이 없어"라는 생각을 믿으면, 마음은 그 생각이 옳다는 걸 증명하기 위해 모든 노력을 다합니다. 그렇지만 증명하지 못합니다. 그것은 진실이 아니기 때문이죠.

패트릭 예.

케이티 자, 엄마를 한번 떠올려 보세요. "엄마는 한 번도 나를 위해 곁에 있어 주지 않았어"라는 이야기는 잠시만 내려놓아 보세요. 그리고 엄마를 바라보세요. 엄마의 얼굴을 보세요. 엄마의 눈을 보세요. 잠시만 이야기 없이 엄마를 바라보세요. 뭐가 보이나요?

패트릭 가족을 위해, 자식들을 위해, 나를 위해 지옥 같은 삶을 헤쳐 온 사람이 보입니다. 나와 함께 하기 위해 비참한 과거를 이겨 낸 사람이….

케이티 예. 정말 헌신적인 분이군요. 그건 쉬운 일이 아니었습니다.

패트릭 그렇죠. 엄마에겐 끔찍한 삶이었어요.

케이티 뒤바꿔 보세요. "엄마는 한 번도 나에게 엄마였던 적이 없다"—이 문장을 뒤바꿔 보세요.

패트릭 엄마는 나에게 엄마였다… 와!

케이티 잠시 그 뒤바꾸기를 느껴 보세요. 그 뒤바꾸기가 원래 문장만큼 진실하거나 더 진실한 세 가지 예를 찾을 수 있나요? 눈을 감아 보세요. 이제 마음이 그 극점에서 살도록 허용해 보세요. 엄마가 당신에게 엄마였던 때를 마음이 찾도록 허용해 보세요.

지금 당신은 다른 세계, 진짜 세계로 들어왔습니다. 긍정적인 확언에 의한 세계가 아니라 진짜 세계로. 가슴이 당신에게 진실한 것을 주도록 허용하고 지켜보세요. 닫힌 마음에게는 가슴이 열릴 수 없습니다. 닫힌 마음이란 자기가 믿는 생각에 갇혀 있는 마음입니다. 그 마음은 현실의 세계를 보지 못합니다. 그 마음은 진실을 알아차리지 못하므로 사랑을 보지 못합니다. 그럴 때는 사랑이 숨겨져 있습니다. 당신이 생각을 믿고 있기 때문입니다.

자, 엄마가 어째서 당신에게 엄마였는지, 그 예를 얘기해 주세요.

패트릭 엄마는 나름대로 최선을 다해 나를 사랑해 주었어요.

케이티 스윗하트, 그건 덜 구체적인 것 같군요. 좀 더 구체적인 예를 찾을 수 있나요?

패트릭 알겠어요. 엄마는 돈이 너무 없을 때만 빼고는 내 생일 파티를 해 주셨어요.

케이티 예.

패트릭 나를 먹여 주고 입혀 주고 좋은 집에서 살게 해 주셨죠.

케이티 두 번째 예군요. 세 번째 예도 찾을 수 있나요?

패트릭 엄마는 나를 때린 적이 거의 없어요. 나한테 엄청 화가 났을 때조차 그랬죠. 정말 잘못된 행동을 했을 때 두어 번 엉덩이를 때렸을 뿐이에요.

케이티 세 번째 예네요. "엄마는 한 번도 나에게 엄마였던 적이 없다"—다른 뒤바꾸기를 찾을 수 있나요?

패트릭 음…

케이티 "나는 한 번도…"

패트릭 나는 한 번도 엄마에게 아들이었던 적이 없다. 내가 화나는 건 아마 그 때문일 거예요.

케이티 "아마"라는 말은 빼겠습니다.

패트릭 내가 화가 나는 건 그 때문입니다.

케이티 예. 그게 당신의 아픔입니다.

패트릭 그게 나의 아픔… 와!

케이티 예. 당신은 이제 시작할 수 있습니다.

패트릭 이제 조금 이해가 됩니다.

케이티 당신은 이제 아들의 삶을 시작할 수 있습니다. 엄마의 품, 엄마의 음식, 엄마의 지혜, 엄마의 사랑에 가슴을 열어 보세요. 그것이 정말 무엇인지 보세요. "엄마는 한 번도 나에게 엄마였던 적이 없다"—또 다른 뒤바꾸기를 찾을 수 있나요? "나는…"

패트릭 나는 한 번도 감사했던 적이…

케이티 "나는 한 번도 엄마였던 적이 없다…"

패트릭 나 자신에게.

케이티 예. 당신은 그동안 마음속에서 어머니를 대하듯이 자신을 대했습니다… 자, 계속 여행을 해 보죠. 다음 문장을 읽어 보세요.

패트릭 (양식을 보며) 다음 문장요? 이걸 나 자신으로 바꿔서 읽어야 겠군요. 결국은 그쪽으로 가게 될 테니까요. 맞나요?

케이티 지금은 어떤 지름길로도 가지 않는 게 좋습니다. 뒤바꾸기는 강력한 방법이지만, 먼저 네 가지 질문을 할 때 마음이 배울 수 있기 때문입니다.

(청중석에서 휴대전화 벨소리가 크게 울린다. 활기찬 라틴 음악이 흘러나온다.) 참 좋은 노래네요! (청중이 웃는다.) 삶이 문제로 가득 차서 더이상은 감당하지 못하겠나요? 자, 또 옵니다! 참 풍요로운 세상이죠.

패트릭 (웃으며, 고개를 가로저으며) 정말 대단한 관점이네요!

케이티 그런데 정말 그렇지 않나요?

패트릭 그 말을 믿을게요.

케이티 아까 그 노래는 마음에 들었나요?

패트릭 휴대전화 벨소리요?

케이티 예.

패트릭 그 사람을 총으로 쏴 버리고 싶던데요?

케이티 그것은 현실과 벌이는 전쟁입니다. 벨소리를 들었을 때 어떤 생각이 들었나요?

패트릭 짜증이 났어요. "멍청하긴! 망할 놈의 전화기를 꺼 놓았어야지!"라는 생각이 들더군요.

케이티 좋습니다. 그런데 당신을 짜증나게 한 건 당신의 생각이에요. 전화기는 결코 그렇게 잔인하지 않죠.

패트릭 내가 전화기에 관한 생각에 집착했다고요?

케이티 예.

패트릭 아, 그러니까 문제는 전화기가 아니고 나라는 거군요. 흠…

케이티 전화기는 현실입니다. 그것은 당신에게 노래를 불러 줍니다! 그 노래 속에 뭐가 들어갔는지 아세요? 기술, 천재성, 독창성이 들어갔습니다. 그리고 그걸 적당한 가격에 살 수 있게 해서, 당신이 자기를 위해 구입하거나 사랑하는 사람에게 선물할 수 있게 해 줍니다. 그것은 온 세상을 가져다줍니다! 그것은 울릴 때가 되면 항상 울립니다. 그것은 현실입니다. 그리고 나에게는, 그것이 정확히 제때에 찾아온 아름다운 노래였습니다. 삶이 주는 선물을 당신이 받지 못한 까닭은 그것에 관한 당신의 이야기 때문이었습니다.

패트릭 전화기나 다른 훼방하는 것들에 관한 나의 이야기는 현실과 맞지 않는다는 뜻인가요?

케이티 전화기는 현실과 완벽하게 들어맞았습니다. 당신을 짜증나게 한 것은 전화기에 관한 당신의 이야기, 그 순간에는 전화기가 울리지 말아야 한다는 이야기였습니다. 실제로는 전화기는 울려야 했습니다. 울렸으니까요. 왜 내가 어떤 진실하지 않은 것이 음악의 기쁨을 방해하도록 놓아두겠어요?

패트릭 당신은 정말로 그렇게 현존하는군요.

케이티 그 노래가 현존합니다. 내가 왜 현존하지 않으려 하겠어요? 현실이 곧 스승입니다.

패트릭 놀랍네요. 당신은 지금 진실을 얘기하고 있든지, 아니면 내가 지금까지 만나 본 사람 중에 최고의 사기꾼입니다. 둘 중 하나예요. (청중이 웃는다.)

케이티 당신이 지금까지 만난 사람 중에 최고의 사기꾼은 바로 당신 자신입니다. 하지만 궁극적으로는 자기 자신을 속일 수 없습니다. 당신이 지금 배우고 있는 것은 아마 그것일 거예요. 자기 자신을 속일 수 없다는 것. 다른 사람을 속이고 있을 때, 당신은 그것을 완전히 믿어야 합니다. 그리고 마치 그것이 진실인 양 그 역할 속으로 뛰어들어야 합니다. 하지만 당신은 자신을 속일 수가 없습니다. 그리고 이런 질문들을 할 때 당신이 여전히 진실한 것에 마음이 열려 있다는 걸 아는 것은 정말 좋은 일입니다. 자, 다음 문장을 읽어 주세요.

패트릭 나는 엄마가 더 많이 사랑하기를 원한다.

케이티 왜 그런가요?

패트릭 음...

케이티 그래야 당신이 더 행복해지기 때문이겠죠.

패트릭 예, 그런 것 같아요.

케이티 예. 그렇지 않다면, 엄마가 더 많이 사랑하든 안 하든 당신이 신경이나 쓸까요?

패트릭 안 쓸 겁니다.

케이티 그걸 알게 돼서 좋군요. 자, "엄마는 나를 더 많이 사랑해야 한다"—그게 진실인가요?

패트릭 아닙니다.

케이티 이건 당신에 관한 문제입니다. 엄마와는 아무 상관이 없습니다.

패트릭 맞습니다.

케이티 그 생각을 믿을 때 당신은 어떻게 반응하나요? 당신은 엄마가 더 많이 사랑해 줘야 한다고 믿는데 엄마는 그러지 않을 때, 당신은 엄마를 어떻게 대하나요?

패트릭 화가 납니다. 엄마에게 마음의 문을 닫아 버리고, 기회도 주지 않습니다.

케이티 그 생각이 없다면 당신은 누구일까요? 만약 엄마가 더 많이 사랑해 줘야 한다는 생각을 믿을 수조차 없다면?

패트릭 훨씬 마음이 가벼울 겁니다. 스트레스를 받지 않겠죠. 아마 자유로운 사람일 거예요.

케이티 다시 눈을 감아 보세요. 엄마를 떠올려 보세요. "엄마는 나를 더 많이 사랑해 줘야 한다"라는 생각이 없다면, 당신은 누구일까요? 그냥 엄마를 바라보세요. 당신의 이야기는 내려놓고….

패트릭 엄마가 내 앞에서 환히 밝아지네요. 엄마를 있는 그대로 보니까요.

케이티 그게 현실입니다. 휴대전화처럼요.

패트릭 엄마가 있는 그대로 보입니다. 엄마는 나름대로 최선을 다해 사랑하고 있습니다. 엄마는 정말로 나를 사랑하네요. 왜곡된 눈으로 보지 않으니까 그렇게 보여요.

케이티 예, 왜곡된 믿음 체계로.

패트릭 …믿음 체계. 나의 이야기. 예, 나의 이야기 때문에 엄마를 있는 그대로 보지 못하죠.

케이티 참 좋네요.

패트릭 나의 이야기는 나를 마비시키고, 어떤 것도 제대로 보지 못하게 하죠. 내가 믿고 싶은 것만 보게 하고요.

케이티 이야기만 없다면 누구나 제대로 볼 수 있습니다.

패트릭 계속 그랬어요. 그건 제정신이 아닌 건데요.

케이티 "엄마는 나를 더 많이 사랑해야 한다"―뒤바꿔 보세요.

패트릭 나는 어머니를 더 많이 사랑해야 한다.

케이티 왜 그런가요?

패트릭 그리고 나 자신을 더 많이 사랑해야 한다.

케이티 예. 왜 그런가요?

패트릭 왜냐하면 그건… 결국 나에 관한 거니까요.

케이티 사랑을 느낄 때는 어떤 일이 일어나나요? 사랑할 때는 어떤 느낌이 드나요?

패트릭 기분이 정말 좋습니다.

케이티 예, 그게 이유입니다!

패트릭 사랑을 느낄 때는 집에 있는 것처럼 편안한 기분을 느낍니다. 그것은 타고난 권리인데도 평생 회피하고 살았네요.

케이티 그래서 어머니를 사랑할 때 당신은 타고난 권리를 누리게 됩니다. 그것은 어머니와는 상관이 없습니다. 당신은 그저 어머니를 사랑합니다. 그 사랑에 관해 어머니가 어찌할 수 있는 것은 하나도 없습니다.

패트릭 그러니까 그게 관계의 열쇠로군요! 놀랍네요! 만약 내가 누구와 데이트를 하거나 결혼을 하거나 뭘 한다면, 그건 상대방과는 아무 상관이 없는 거네요. 상대방이 나를 사랑하는지 여부는 전혀 문제가 아닌 거죠. 문제는 오직 내가 상대방을 그저 사랑하는지 여부인 거군요.

케이티 예. 그때 당신은 가장 행복하니까요.

패트릭 무조건적인 사랑이라는 게 바로 그건가요? 놀랍네요!

케이티 어머니를 사랑하고 자신을 사랑할 때, 당신은 가장 큰 행복을 느낍니다. 그때 당신은 가장 잘 균형 잡혀 있습니다.

패트릭 그런데 정작 내가 가장 회피한 건 바로 그것이었어요. 그러면서 나의 세계가 아니라 남들의 세계를 통제하고 지배했습니다.

케이티 남들의 세계를 통제하려고 '시도'했을 뿐이죠. 왜냐하면 실제로는 어떤 것도 통제할 수 없으니까요.

패트릭 맞습니다.

케이티 이제 다음 문장을 읽어 주세요.

패트릭 이런, 이 문장도 좋네요… 엄마는 내가 문제점을 얘기하면 더 너그럽게 받아들여야 한다. 사실은 나의 문제들이죠! 애초에 존재하지도 않는 나의 이야기.

케이티 예. 당신이 엄마에게 얘기하는 것은 존재하지도 않는 것입니다. 그런데도 당신은 자신에게 진실하지도 않은 것을 어머니가 더 너그럽게 받아들이기를 기대합니다.

패트릭 세상에, 제정신이 아닙니다. 나 말고는 아무도 그렇게 할 수 없으니까요.

케이티 예. 그 문장을 뒤바꿔 보면, 엄마가 너그럽지 않을 때 당신이 더 관대해야 한다는 것을 알게 됩니다.

패트릭 궁극적으로, 남들에게는 나를 지배할 힘이 없으니까요. 나만 그럴 수 있죠. 남들은 나를 행복하게 할 수 없고요. 놀랍네요!

케이티 사람들은 당신이 어떤 사람이라고 믿는 대로입니다. 그들은 사실 당신에게 존재하지도 않습니다. 실상 당신은 어머니를 만난 적이 없습니다. 다른 누구도 만난 적이 없죠.

패트릭 오프라 윈프리 쇼에 나가 보셨나요? (모두들 웃는다.) 이건 굉장하네요, 세상에! 지금까지 이런 건 들어 본 적이 없습니다.

케이티 당신은 지금 자기의 말을 듣고 있는 겁니다. 그보다 더 강력한 것은 없습니다. 그것이 힘입니다. 거기에 힘이 있습니다. 당신은 그것과 친해지고 있습니다.

패트릭 와!

케이티 그리고 스윗하트, 그것이 전부입니다. 당신은 지금 에고를, 에고가 당신의 세계를 어떻게 왜곡시키는지를 잠시 보고 있습니다. 그 힘이 다른 극점으로 이동할 때, 당신은 기쁘고 명쾌한 상태로 살아가게 됩니다. 그것은 내면의 세계를 알아차리는 것이고, 무엇이 진실하고 무엇이 진실하지 않은지를 아는 것입니다. 무엇이 진실한 것인지는 몰라도 됩니다. 무엇이 진실하지 않은지만 알아도 충분합니다. 그것만으로도 깜짝 놀라게 되니까요. 그것에 관해 당신이 알 수 있는 전부는 그것의 본성입니다. 그러면 당신은 두려움 없는 존재로 살기 시작합니다… 자, 계속 읽어 보세요.

패트릭 엄마는 나를 가혹하게 대하는 걸 그만둬야 한다.

케이티 뒤바꿔 보세요.

패트릭 나는 나를, 엄마를, 세상을, 세상 모든 사람을 가혹하게 대하는 걸 그만둬야 한다.

케이티 당신 자신을 위해서.

패트릭 나는 테러리스트네요.

케이티 당신 자신에게.

패트릭 맞습니다… 그리고 세상에요.

케이티 당신은 당신이 보는 세상에게 테러리스트입니다.

패트릭 나는 엄마가 더 너그럽기를, 나를 비판하지 않기를 원한다.

케이티 "엄마는 당신을 비판하면 안 된다"—그게 진실인가요?

패트릭 아닙니다. 그건 아무 상관이 없습니다. 엄마는 문제가 아닙니다. 문제는 나입니다. 내가 문제입니다.

케이티 사람들은 정말 놀랍습니다. 그들의 투사도 놀랍죠. 엄마의 어떤 말이 가슴을 아프게 하나요?

패트릭 내가 게으르다는 말이 그렇습니다.

케이티 당신은 게으른가요?

패트릭 (웃으며) 예.

케이티 그럼 엄마의 말이 맞습니다. 당신은 게으릅니다―가끔은. 또 어떤 말이 가슴을 아프게 하나요?

패트릭 (침묵 후) 하나도 없습니다. 엄마는 가끔 "결혼해야지. 더 좋은 직업을 가져야지"라고 하시는데, 그런 말은 괜찮습니다. 엄마의 말이 어떤 면에서 맞는지 알겠어요. 일리가 있습니다. 나를 위해 걱정하느라 그런 말씀을 하는 거죠.

케이티 이제 당신이 어머니를 만난 것 같군요. 나도 생각 작업을 하기 전에는 어머니가 없었습니다. 생각 작업을 한 뒤 어머니가 생겼죠. 마치 펑! 하고 나타난 것 같았어요. 이제 다음 문장으로 넘어가 볼까요?

패트릭 나는 엄마가 나의 실수를 너그럽게 받아 주기를, 내가 신의 손 안에 있다는 것을, 내가 사랑스럽다는 것을 알아주기를 원한다. 나는 엄마가 내게 압박하지 않기를, 내가 세상에 나가서 넘어지고 깨지도록 놓아두기를 원한다.

케이티 "엄마는 내가 사랑스럽다는 것을 모른다"—그게 진실인가요?

패트릭 아니요. 그건 거짓말입니다.

케이티 알게 돼서 다행입니다.

패트릭 그건 내가 믿는 생각이죠. 나는 내가 사랑스럽지 않다고 믿고 있어요.

케이티 그러면 그 믿음을 엄마에게 투사할 수밖에 없습니다.

패트릭 그런데 당신은 그럴 때 어떻게 하나요?

케이티 "나는 사랑스럽지 않다"—그게 진실인가요?

패트릭 (침묵 후) 아닙니다.

케이티 "나는 사랑스럽지 않다"라는 생각을 믿을 때, 당신은 어떻게 반응하나요? 어떻게 살아가나요?

패트릭 주변 사람들과 세상에 대해 마음의 문을 닫아 버립니다. 마음을 거둬들입니다. 누구도 나를 좋아할 수 없을 거라고 생각합니다. 내게 "사랑해요"라고 말하는 여자의 말을 전혀 믿지 않습니다.

케이티 그렇게 당신은 자신을 사랑스럽지 않은 사람으로 만들어 버립니다. 그렇게 믿으면 그렇게 만들어 버릴 수밖에 없습니다. 그러면 당신은 자신이 사랑스럽지 않은 사람이라고 느끼게 되고, 누가 "안녕하세요?"라고 인사하거나 휴대전화 벨소리가 울리면 화가 납니다. 자, 당신의 삶에 "나는 사랑스럽지 않다"는 생각이 없다면, 당신은 누구일까요?

패트릭 한없이 자유로운 사람, 남들이 연출하는 드라마에 휩쓸릴 필요가 없는 사람, 만족할 줄 아는 사람일 겁니다. 혼자 있을 수 있고, 다른 사람들이 필요하다고 생각하지 않고, 불안 때문에 잔뜩 긴장하지도 않을 겁니다. 말이 되나요?

케이티 예, 그럼요. 사람들이 혼자 있고 싶어 하지 않는 이유는 혼자 있을 때 자신의 생각들과 함께 있기 때문입니다. 그래서 만약 당신이 생각과 함께 있을 때 평화롭지 않다면, 사람들과 함께 있는 것도 좋아하지 않게 됩니다.

패트릭 당신은 그런 패턴을 어떻게 깨뜨리나요?

케이티 우리는 지금 그렇게 하고 있습니다.

패트릭 그냥 질문하는 것만으로요?

케이티 당신을 자유롭게 하는 것은 진실입니다. 질문에 정직하게 대답할 때마다, 당신의 진실이 당신을 자유롭게 합니다. "나는 사랑스럽지 않다"—뒤바꿔 보세요.

패트릭 나는 가치 있는 사람이다.

케이티 아뇨. 뒤바꾸기는 아주 단순하게 하세요. "나는 사랑스럽지 않다"—이 말의 반대는 무엇인가요? "나는 사랑스럽다"입니다. 이제 당신의 사랑스러운 점 세 가지를 찾아보세요. 당신이 자신에 관해 좋아하는 세 가지는 무엇인가요? 당신이 부인(否認)에서 벗어나는 곳은 바로 여기입니다. 부인은 도움이 되지 않습니다. 자신에 관해 좋아하는 점이 무엇인가요?

패트릭 내가 아일랜드 사람인 게 좋습니다. 아일랜드인의 독창성과 유머감각이 좋아요.

케이티 "아일랜드 사람이 아니라면 유머감각이 없을 것이다"—그게 진실인가요? (청중이 웃는다.) "아일랜드 사람이 아니라면 지금처럼 독창적이지 않을 것이다"—그게 진실인가요? 당신은 그게 진실인지 확실히 알 수 있나요?

패트릭 아뇨, 그렇지 않습니다.

케이티 예, 당신은 자신의 독창성을 좋아합니다. 그리고 또…

패트릭 나의 가슴을 좋아합니다. 내가 사람들을 사랑하는 방식을 좋아합니다. 좋은 일을 하려고 애쓰는 걸 좋아합니다. 세상에서 여성들의 능력을, 세상을 치유할 수 있는 여성들의 세심한 감수성을 사랑하는 것을 좋아합니다.

케이티 "나는 사랑스럽지 않다"—그게 진실인가요?

패트릭 아닙니다.

케이티 좋습니다. 이제부터는 살아가면서 당신이 자기 자신에 관해 좋아하는 것들을 계속 알아차려 보세요.

패트릭 알겠습니다.

케이티 그 뒤 어떤 사람이 "당신을 사랑하지 않아요"라고 했는데, 그 말이 당신과 어떤 상관이 있다는 생각이 조금도 들지 않으면, 그때는 "나는 사랑스럽다"가 당신의 존재 전체로 경험되는 때입니다. 우리가 그 진실을 정말로 알아차리기 전에는, 긍정확언을 하면서 자신이 사랑스럽다고 계속 말해 봐도, 그것은 거짓입니다. 그 말을 진정으로 믿지 않기 때문입니다. 다음 문장을 읽어 주세요. "엄마는…"

패트릭 엄마는 가혹하고, 강하고, 애정이 많고, 힘이 있다.

케이티 뒤바꿔 보세요.

패트릭 나는 가혹하고, 강하고, 애정이 많고, 힘이 있다.

케이티 그 생각들은 실은 당신에 관한 것들이었죠.

패트릭 맞아요. 모든 생각이 전부 나에 관한 거예요.

케이티 그 생각들은 밖을 향해 있지만, 모두가 당신에게서 나옵니다. 당신은 자신이 믿는 생각을 전부 밖으로 투사할 수 있습니다. 그 생각에 질문을 하고 나면, 더이상 믿지 않기 때문에 밖으로 투사를 할 수가 없습니다. 그러면 당신의 세계 전체가 바뀝니다. 그래서 마음이 바뀌면 세상이 바뀝니다. 다음에는 스트레스를 주던 생각이 나타나더라도 스트레스를 느끼지 않을 수 있습니다. 심지어 웃음이 날 수도 있습니다. 오늘 이후로 "나는 사랑스럽지 않아"라는 생각이 떠오르면 웃음을 터뜨릴지도 모릅니다. "나는 아주 사랑스러워"도 진실이라는 것을 알기 때문입니다. 그래서 만약 누가 "너는 사랑스럽지 않아"라고 하면, 당신은 그들에게 화를 내는 대신 "재미있군. 나도 그렇게 생각했었거든"이라고 생각할 수 있습니다. 자신에게 무엇이 진실인지를 깨달았기 때문입니다.

그러니 이제 스트레스를 주는 생각이 떠오르면 그 생각들에 질문을 할 건가요? 그 생각에 질문을 하고 뒤바꿔 볼 건가요? 마치 자기에게 배우는 학생인 것처럼 그 생각들을 탐구하며 자기 자신이라는 책을 읽을 건가요? 처음에는, 때로는 그렇게 하고 때로는 그렇게 하지 않는다는 걸 알아차릴 겁니다. 그리고 날마다 아침 식사를 하듯 생각 작업을 하면, 생각 작업이 당신 안에서 깨어나기 시작할 것입니다. 그때는 더이상 당신이 생각 작업을 하지 않습니다. 생각 작업이 스스로 이루어집니다. 당신에게 돌아오는 생각들은 이해를 필요로 할 뿐입니다. 나는 모든 생각을 사랑하는 사람으로 봅니다.

패트릭 무엇으로 본다고요?

케이티 사랑하는 사람으로, 또는 가장 소중한 자녀들로…. 그 생각들은 나의 보살핌 안에서 일어납니다. 그러면 나는 그 생각들을 이해로 만납니다. 그렇게 하지 않으면, 생각들은 관심을 보여 달라고 애원하고 소리치며 돌아오기 때문입니다. 그래서 나는 생각들에 질문을 하고, 뒤바꾸기를 하고, 모든 생각이 친구라는 것을 알게 됩니다. 단 하나의 생각도 적이 아닙니다.

하지만 우리는 다르게 생각해 보려고 애쓰고, 생각을 바꿔 보고 긍정적인 생각으로 대체해 보려고 애씁니다. 그래도 아무 효과가 없습니다. 잠시 밀쳐 낼 수는 있겠지만, 생각은 결국 다시 되돌아옵니다. 그러나 우리가 생각을 이해로 만나면, 거기에는 스트레스가 없습니다.

당신이 나를 감옥에, 독방에 가둔다 해도 내가 그곳에서 좋은 친구와 함께 있을 수 있는 것은 그 때문입니다. 나는 나와 있는 것을 좋아합니다. 그리고 내가 누구와 함께 있을 때, 나는 나와 함께 있습니다. 지난 20년 동안 나는 사랑하지 않는 생각을 만난 적이 없습니다. 그리고 내 생각을 사랑하기 때문에 그 생각들이 투사하는 것까지 사랑합니다. 그래서 나는 천국에서 삽니다. 완벽한 세상에서 삽니다. 여기에는 심지어 나를 위해 울려 주는 휴대전화 벨소리도 있죠. 그것은 당신을 위해서도 울렸습니다. 그걸 어떻게 아느냐고요? 당신도 그걸 들었으니까요.

패트릭 어떻게 하면 나도 그렇게 살 수 있을까요?

케이티 당신의 마음을 탐구해 보고, 이미 있는 것을 보세요! 당신에게는 완벽하게 관대하고 사랑스러운 어머니가 있었는데, 당신은 그런 어머니를 볼 수가 없었습니다. 하지만 마음에 질문을 하자 어머니가 보였습니다. 전에는 최악의 어머니였지만, 이제는 최선의 어머니입니다. 마음을 탐구하면 세상이 뒤따릅니다. 그렇게 됩니다. 하지만 나에게는 목표가 없습니다. 내가 왜 나 자신을 속여야 할까요? 왜 내가 그렇게 좁게 생각해야 할까요?

패트릭 궁극의 행복이란 자기 자신과 평화로운 것이로군요.

케이티 자기 자신과 평화로울 때는 이미 여기에 있는 것을 볼 수 있습니다. 그때는 당신에게 필요한 것이 아무것도 없습니다. 필요한 모든 것은 바로 여기에 있습니다. 그것을 볼 수 없는 까닭은 생각을 믿고 있기 때문입니다. 어머니는 언제나 당신의 바로 앞에 있었습니다.

패트릭 그런데도 나는 엄마를 보지 못했습니다.

케이티 당신은 어머니를 보지 못했습니다. 그런데 마음에 질문을 하자, 갑자기 완전히 새로운 어머니가 생겼습니다. 왜 그걸 계획하겠어요? 어떻게 그걸 계획할 수 있겠어요? 어린 소년은 "다른 엄마를 원해. 너그러운 엄마를 원해. 나를 사랑해 주는 엄마를 원해"라고 기도합니다. 그런데 20분 만에 그런 엄마가 생겼습니다. 그게 바로 내면의 지혜를 만날 때의 힘입니다.

패트릭 정말 고맙습니다.

케이티 고맙습니다. 당신과 함께한 것은 내게 특권이었습니다.

동료 때문에
화가 납니다

나의 이름은 "예"입니다. 나는 그렇게 사는 삶을
사랑합니다. 나는 모든 것에 "예"라고 합니다. 예를 들어,
당신이 나에게 뭔가를 해 달라고 부탁할 때, 나도 그러고 싶으면
"예"라고 합니다. 당신이 뭔가를 해 달라고 부탁할 때, 나는
그러고 싶지 않으면 "아니요"라고 합니다.
이때 그 "아니요"가 나 자신에게는 "예"입니다.

다른 사람은 당신의 상사가 될 수 없습니다.
오직 당신만이 자기의 상사가 될 수 있습니다. 당신이
언제나 '예'라고 말하고 싶어 할 상사가….

케이티 뭐라고 적으셨나요?

유진 (양식을 읽는다.) 나는 직장 동료인 프랭크에게 화가 난다. 왜냐하면 그는 상사인 척 굴면서 나에게 지시하려 들기 때문이다. 게다가 그는 일도 제대로 마무리하지 않으면서 책임도 지지 않는다.

케이티 계속 읽어 주세요.

유진 나는 프랭크가 나를 존중하기를 원한다.

케이티 계속 읽어 보세요.

유진 나는 프랭크가 상사인 척 굴지 않고 나에게 지시하지 않기를 원한다. 우리가 일을 할 때 그는 마치 상사인 양 나에게 "이러이러한 일들을 해요"라고 말합니다. 나를 힘들게 하는 건 일 자체가 아니라, 그가 말하는 방식입니다. 그러면 나는 "예, 그렇게 하죠"라고 말해 놓고는, 나중에야 "예"라고 말한 나 자신에게 몹시 화가 납니다. 사실은 "아니요"라고 말하고 싶었으니까요.
케이티 아, 그럼 "예"라고 말할 때 당신은 거짓말을 했군요.
유진 예.
케이티 나도 과거에 그랬을 때는 나 자신이 싫었습니다. 그러고는 다른 사람들을 비난했죠. 하지만 내가 정직하지 못했던 대상은 실은 나 자신이었습니다. 그래서 이제 나는 그들을 비난하는 대신에 나 자신을 돌아보고, 알아차리고, 다시 시작합니다.
나의 이름은 "예"입니다. 나는 그렇게 사는 삶을 사랑합니다. 나는 모든 것에 "예"라고 합니다. 예를 들어, 당신이 나에게 뭔가를 해 달라고 부탁할 때, 나도 그러고 싶으면 "예"라고 합니다. 당신이 뭔가를 해 달라고 부탁할 때, 나는 그러고 싶지 않으면 "아니요"라고 합니다. 이때 그 "아니요"가 나 자신에게는 "예"입니다. 나는 내면의 "예"로 살아갑니다. 당신과는 아무 상관이 없는, 내 안의 어떤 것을 존중하기 때문입니다.
그가 묻는 질문에 어떤 대답이 나오는지를 보는 것은 정말 흥분되는 일입니다. 나는 "이렇게 대답하면, 그의 감정이 상할까? 그가 나에게 뭘 해 줄까? 나를 좋은 사람이라고 생각할까? 그가 실망할까?" 같은 생각을 하지 않습니다. 그 대신 나는 "그 질문에 대한 나의 답은 뭘까?" 하고 생각합니다.

그건 아주 신나는 일입니다. 어떤 대답이 나올지 당신은 모릅니다. 그러니 그저 삶을 살아가면서 사람들이 뭔가를 요청하기를 기다리면 됩니다. 자기 가슴의 언어, 자기 지혜의 언어를 들을 수 있도록. 좋아요, 스윗하트, 다시 읽어 보세요.

유진 나는 직장 동료인 프랭크에게 짜증이 난다. 왜냐하면 그는 상사인 척 굴면서 나에게 지시하려 들기 때문이다.

케이티 "그는 상사인 척 군다"—그게 진실인가요?

유진 예.

케이티 그런 예를 한 번 들어 보시겠어요?

유진 그는 나에게 "이러이러한 일들을 해요"라고 말합니다.

케이티 그럼, 나에게 그렇게 말해 보세요.

유진 (프랭크 역할) "저기 있는 컵 좀 갖다 줘요."

케이티 (유진 역할) (침묵)

유진 "방금 내가 한 말 못 들었어요? 컵 좀 갖다 줘요!"

케이티 "당신이 하는 말 들었어요."

유진 "내가 책임자입니다. 그러니까 내 말을 따르세요."

케이티 (침묵)

유진 "우린 지금 할 일이 있고, 이 일을 빨리 끝내야 해요."

케이티 (침묵)

유진 "배짱 한번 좋네요! 오늘 이거 다 못 끝내면 다 당신 탓이에요."

케이티 "알겠어요. 컵이 당신 가까이 있는데도 내가 갖다 주는 건 옳은 일 같지 않았습니다. 내게 원하는 다른 일이 있나요? 다른 의견이 있나요?"

유진 "우선, 잔디를 깎아야 하고, 그 일을 끝내면 잔디 가장자리를 다듬어야 해요."

케이티 "좋아요! 당신이 잔디를 깎으면 내가 다듬을게요."

유진 "아뇨, 당신이 둘 다 하세요. 그건 당신의 일이에요."

케이티 "당신이 잔디를 깎으면 내가 다듬을게요."

유진 "나는 따로 할 일이 있어요."

케이티 "그건 알겠어요. 당신은 언제쯤 잔디를 다 깎을 것 같나요? 알고 싶군요. 나도 내 일을 빨리 끝내고 싶으니까요."

유진 "왜 내 말을 이해 못하죠? 난 할 일이 따로 있으니 당신이 이 두 가지 일을 다 해야 한다고요. 이 두 가지 일을 끝내면, 추가로 해야 할 일을 알려 줄게요."

케이티 "무슨 말인지 알겠어요. 당신이 잔디를 깎으면 내가 다듬을게요."

유진 (잠시 후) "정 그렇다면 다시 한 번 생각해 보죠."

케이티 "좋아요! 생각해 보고 알려 주세요. 나도 최대한 빨리 잔디를 다듬고 싶으니까요. 그러고 나면 그다음 일을 할 시간이 나겠죠. 나는 당신과 일하는 게 정말 좋습니다."

유진 (한참 후) "좋아요, 같이 일하도록 해 보죠."

케이티 "예, 좋습니다. 이게 균형 있게 함께 일하는 거죠. 이제 당신이 잔디를 깎는 동안 내가 추가로 할 일을 한 뒤 잔디를 다듬으면, 우린 곧 이 일을 다 끝낼 수 있을 겁니다. 프랭크, 나는 당신과 일하는 게 좋아요."

(그녀 자신으로 돌아와서) 어떤 일이 일어났는지 이해했나요? 나는 그가 지시한 일을 내가 해야 한다고 믿지 않았습니다. 그런데 그는 어떤 일을 끝내야 하는지 잘 알고 있기 때문에 그건 내가 활용할 수 있습니다. 하지만 어떻게 그 일을 끝내는지는 나에게 선택권이 있습니다. 그리고 나는 공평하게 내 역할을 하고 싶습니다.

반면에, 내 마음은 그렇지 않은데 그에게 "예"라고 하면, 관계의 균형을 깨뜨리는 건 그가 아니라 바로 나입니다. 만약 내가 "아니요"라고 하고 싶은데 "예"라고 한다면, 나는 그가 계속 지시를 내리도록 훈련시키는 겁니다. 내가 계속 "예"라고 말하면, 그가 내게 지시를 내리지 않을 이유가 없겠죠. 이해했나요?

유진 예.

케이티 고맙습니다. 그럼 다음 문장을 볼까요?

유진 나는 프랭크가 나를 존중하기를 원한다.

케이티 그게 진실인가요?

유진 아뇨. 내가 나를 존중할 필요가 있습니다. 아니라고 말하고 싶을 때는 아니라고 말함으로써.

케이티 열려 있을 필요도…. 정직하게 말하는 "아니요"는 가장 친절한 말입니다. 거만하거나 냉정한 어조로 말할 필요는 없습니다. 그냥 정직하게 말하세요.

유진 그런데 내가 "아니요"라고 말하면 그와 말다툼을 벌이게 될 것 같습니다.

케이티 그럴 수도 있겠죠. 그래서 나는 "아니요"라고 말하지 않았습니다. 단지 내가 무엇은 하고 무엇은 하지 않을지를 말했을 뿐이죠. 그리고 당신이 내게 무엇을 하라고 지시했을 때는 그냥 기다렸습니다. 당신이 컵을 갖다 달라고 지시했을 때, 나는 당신이 뭘 필요로 하는지 그냥 듣고 있었죠. 하지만 그 말을 정말로 믿지는 않았어요. 만약 당신에게 그것이 정말 필요했다면, 당신이 손을 뻗어서 가져갔을 테니까요.

유진 맞습니다.

케이티 당신은 무척 이해가 빠르고 정직한 분이군요. 당신과 함께 앉아 있는 것은 내게 특권입니다. "그는 나를 존중할 필요가 있다"는 생각을 믿을 때, 당신은 어떻게 반응하나요?

유진 그런데 그가 존중하지 않을 때, 말인가요?

케이티 예, 그가 당신에게 이래라저래라 지시할 때.

유진 화가 나고 기분이 나쁘죠! 그리고 머릿속에서는 그와 한바탕 전쟁을 벌입니다.

케이티 그가 당신에게 이래라저래라 지시할 때, "그는 나를 존중할 필요가 있다"는 생각이 없다면 당신은 누구일까요?

유진 평화로울 겁니다. 그의 말을 듣고 있을 거예요. 그리고 "예"든 "아니요"든 두 가지 대답에 마음이 열려 있을 겁니다.

케이티 예. "그는 나를 존중할 필요가 있다"—뒤바꿔 보세요.

유진 나는 나를 존중할 필요가 있다.

케이티 예. 정직하지 않은 "예"를 대답으로 내놓을 때, 당신은 자신에 대한 존중을 잃게 됩니다. 이다음에 또 그런 일이 일어나면, 당신은 존중이 부족하다는 걸 느끼게 됩니다. 그러면 그 순간, 원한다면 당신은 마음을 바꿀 수 있습니다. 당신은 자유롭습니다. 이제 그 뒤바꾸기가 원래 문장만큼 진실하거나 더 진실한 세 가지 예를 찾아보세요.

유진 예. 나를 존중하는 것이 그 무엇보다 중요하니까요. 내가 나를 존중하지 않으면, 내가 어떻게 나에게 좋은 감정을 느낄 수 있겠어요?

케이티 예, 스윗하트. 그렇습니다. 두 번째 예는요?

유진 내가 나를 존중하지 않으면, 행여 다른 사람들이 나를 존중한다고 말해도 나는 그들의 말을 믿지 못할 겁니다. 결국 아무 존중도 없는 거죠.

케이티 세 번째 예도 찾아보시겠어요?

유진 내가 나를 존중할 때 직장이나 가정에서 할 일을 잘할 수 있습니다.

케이티 좋습니다. 이제 "그는 나를 존중할 필요가 있다"에 대한 또 하나의 뒤바꾸기를 찾을 수 있나요?

유진 나는 그를 존중할 필요가 있다.

케이티 예. 그는 그저 컵을 원하는 남자였을 뿐입니다. 그저 자기는 일하지 않으면서 그 일을 끝내고 싶었던 남자였을 뿐입니다. 그것을 원할 권리는 누구에게나 있습니다. 단지 그런 방식이 언제나 먹히는 건 아닐 뿐이죠.

유진 그의 역할을 하다 보니 그의 말에 좋은 의도도 담겨 있는 것 같더군요.

케이티 당신은 좋은 사람입니다. 거인입니다. 스스로도 그걸 알 거라고 생각해요. 당신이 그걸 알아가는 모습을 지켜보며 기뻤습니다. 당신이 스스로 갇힌 우리에서 빠져나와 기쁩니다. 고마워요, 스윗하트.

암은 내 인생을
망쳐 놓았어요

이 몸은 내가 아닙니다. 그러니 나는 내 일에서
벗어난 것입니다. 내가 마음으로 내 일에서 벗어나면
외로움을 경험하게 됩니다. 그래서 나는 알아차리고, 내 생각으로
다시 돌아옵니다. 거기에 해결책이 있기 때문입니다.
그래서 내 마음은 자기 안에서 집을 찾습니다.
몸은 마음의 집이 아닙니다.

> 당신은 거울 속의 상처를 봅니다. 하지만 거울은
> 당신의 생각을 비추어 줄 뿐입니다. 당신의 삶을, 심지어
> 당신의 몸까지 망가뜨릴 수 있는 것은 오직 하나밖에 없습니다.
> 암은 그렇게 할 수 없습니다.

케이티 자, 스윗하트, 뭐라고 쓰셨나요?

엠마 나는 암 때문에 화가 난다. 왜냐하면 암은 내 인생을 망쳐 놓았기 때문이다. 나는 암이 나에게나 다른 누구에게나 다시는 재발하지 않기를 원한다. 나는 남은 삶을 두려움 속에서 살고 싶지 않다. 암은 나를 너무 바꿔 놓지 말아야 하고, 내 마음을 너무 힘들게 하지 말아야 하고, 내 모습을 흉하게 만들지 말아야 하고, 내가 남을 의식하게 하지 말아야 하고, 나를 은둔형 외톨이로 만들지 말아야 한다.

케이티 암을 두려워하면서 살고 싶지 않은 거군요. 어느 쪽이 더 고통스럽나요? 암을 두려워하면서 사는 것인가요, 아니면 암 자체인

가요?

엠마 글쎄요. 퇴원한 지 이제 1주일밖에 안 돼서 잘 모르겠어요.

케이티 그럼 잠시 생각해 보세요.

엠마 알겠어요.

케이티 암이 다시 재발할 것에 대한 두려움과 암 자체. 둘 중에 어느 쪽이 더 고통스러운가요?

엠마 똑같은 것 같아요.

케이티 똑같군요. 놀라운 일이네요.

엠마 예.

케이티 당신은 이 둘 중에 반은 해결할 수 있습니다.

엠마 그중에 반은 해결할 수 있다고요?

케이티 예, 만약 암과 암에 대한 두려움이 똑같다면요. 당신은 암에 대한 두려움을 해결할 수 있습니다. 그러면 암이 남아 있지 않으니까 문제가 다 해결됩니다.

엠마 그래요? 어떻게 그럴 수 있죠?

케이티 계속 읽어 보세요.

엠마 예. 나는 암이 완전히 사라져서 다시 재발하지 않을 거라는 걸 확신할 필요가 있다. 아니면, 그게 다시 돌아올지 모른다는 생각이 일어나도 마음이 편안할 필요가 있다. 암은 끔찍하다! 암은 내 심신을 쇠약하게 만들고, 내 외모를 망가뜨리고, 정신적인 충격을 주고, 계속 두려움에 떨게 만든다. 나는 다시는 화학 요법을 받고 싶지 않다. 다시는 대머리가 되고 싶지 않다. 다시는 기력이 없는 느낌을 받고 싶지 않다. 다시는 내 외모를 싫어하는 경험을 하고 싶지 않다. 다시는 일 년이란 시간을 허비하고 싶지 않다. 다시는 그렇게 많은 수술을 받고 싶지 않다. 다시는 아들과 가족이 이 모든 과정을 지켜보게 하고 싶지 않다.

케이티 고마워요. 맨 처음 문장부터 시작해 볼까요? 첫 번째 문장부터 다시 읽어 주세요.

엠마 나는 암 때문에 화가 난다. 왜냐하면 암은 내 인생을 망쳐 놓았기 때문이다.

케이티 좋습니다. 이제 그 문장을 뒤바꿔 보죠. '암'이라는 단어 대신에 '내 생각'을 넣어 보세요.

엠마 나는 내 생각 때문에 화가 난다. 왜냐하면 내 생각은 내 인생을 망쳐 놓았기 때문이다.

케이티 이 말도 원래 문장만큼은 진실한가요?

엠마 예.

케이티 이 뒤바꾸기 속에 거의 모든 것이 들어 있습니다. 나에겐, 그게 전부입니다. 자, "암이 내 인생을 망쳐 놓았다"—그게 진실인가요?

엠마 음, 나는 목숨이 붙어 있으니까…

케이티 "암이 내 인생을 망쳐 놓았다"—그게 진실인가요?

엠마 그렇게 느껴집니다.

케이티 암이 당신의 인생을 망쳐 놓았다는 게 진실인가요? 당신은 여기에 왔습니다. 당신에게는 여전히 가족이 있습니다.

엠마 암은 내 삶을 바꿔 놓았어요. 그런 것 같아요. 하지만 망치지는 않았을지도 모르죠.

케이티 망치지는 않았을지도 모른다는 말이 더 진실한가요?

엠마 그렇습니다.

케이티 예. "암이 내 인생을 망쳐 놓았다"는 생각을 믿을 때, 당신은 어떻게 반응하나요? 그 생각을 믿을 때 당신에게 어떤 일이 일어나나요? 몸에는 어떤 반응이 일어나나요? 느껴 보세요.

엠마 숨어요. 그냥 숨어 버려요.

케이티 그게 어디에서 느껴지나요? "암이 내 인생을 망쳐 놓았다"—그게 몸 어디에서 느껴지나요? 그 생각이 몸 어디에서 느껴지는지 보세요.

엠마 전체에서요. 몸 전체에서요.

케이티 "암이 내 인생을 망쳐 놓았다"—이 생각은 당신의 삶에 평화를 가져오나요, 스트레스를 가져오나요?

엠마 평화를 가져온다는 건 말도 안 되죠. 당연히 스트레스만 줍니다.

케이티 그럼 암이 당신 인생을 망쳐 놓았다는 걸 믿을, 평화로운 이유를 하나 얘기해 주세요.

엠마 하나도 없습니다.

케이티 "암이 내 인생을 망쳐 놓았다"는 생각이 없다면, 당신은 누구일까요? 사람들이 "세상에, 암에 걸렸다면서요?"라고 말할 때, 이 생각을 믿지 않는다면 당신은 누구일까요?

엠마 그냥 지금 이대로의 나일 것 같아요.

케이티 어떤 사람이 "저런, 암에 걸렸다면서요?"라고 말할 때, 그 생각이 없다면 당신은 "예, 하지만 암이 내 삶을 망쳐 놓진 않았어요"라고 말할 수 있는 사람일지도 모릅니다. "암이 내 인생을 망쳐 놓았다"—뒤바꿔 보세요.

엠마 암은 내 인생을 망쳐 놓지 않았다.

케이티 이제 암 때문에 오히려 당신의 삶이 더 나아진 예를 세 가지 찾아보세요.

엠마 어머니와의 관계가 회복되었어요. 전혀 생각지도 못했는데 내가 힘들 때 어머니가 큰 힘이 되어 주셨죠.

케이티 와!

엠마 예, 어머니는 1년 내내 병원에서 주무시면서까지 나와 내 아들을 전적으로 도와주셨어요. 정말 놀라운 모습들을 보여 주셨죠. 또 하나의 예는, 아들이 14살 때부터 일 년 동안 스스로 나서서 날 도왔고, 돕는 것에 관해 많은 걸 배웠다는 거예요. 마지막으로, 이 경험은 나의 일에도 도움이 될 거예요. 파킨슨병에 걸린 환자들을 돌보는 일을 하고 있거든요. 이 경험이 이 일에 도움이 될 거라고 생각해요. 이걸 잘 극복하면 다른 여성들을 잘 도울 수 있을 것 같아요.

케이티 음, 당신은 이미 극복했어요. 당신의 생각을 제외하면 말이죠.

엠마 내 생각을 제외하면….

케이티 예. 의사는 암이 다 나았다고 말했지만, 당신의 마음속에서는 그렇지 않습니다.

엠마 예, 맞아요.

케이티 그러니 암이 없을 때조차 당신은 암을 지니고 있습니다. 마음속에서. 그러면 암이 나아도 좋을 게 없겠죠. 마음속에는 계속 암이 있으니까요.

엠마 음, 내겐 암 관련 유전자가 있어서 의사들도 많이 걱정합니다. 그래서 계속 검사를 받으러 가야 하죠. 예, 나는 앞으로 나아갈 필요가 있어요. 그래서 여기에 와 있는 거고요. 새로운 한 해를 시작하고 싶고, 다시 일을 시작하고 싶어서요. 그리고… 이건 마치 지옥에 떨어졌는데 어떤 거대한 집게가 나를 집어 올린 뒤 이렇게 말하는 것 같아요. "좋아! 이제 가라고!"

케이티 "네 어머니도 이렇고, 네 아들도 이렇고, 그건 이걸 위해서란다. 사람들을 돕기 위해서. 그러니 소녀야, 이제 가렴!"

엠마 그런데 나는… 청중석에 앉아 있는 동안 어떤 이미지가 떠올랐어요. 왜 그런지는 모르겠는데, 조그만 검은 고양이가 폭풍우가 지나간 뒤 흠뻑 젖은 채로 부들부들 떨면서 "아야!" 하는 모습이요.

케이티 예. 이 암으로 인해 또 어떤 좋은 일들이 있었나요? 당신에게 암이 생긴 게 왜 좋은 일인가요? 거기에서 어떤 좋은 것들이 나왔나요?

엠마 쌍둥이 여동생과 더 가까워졌어요. 여동생은 내가 수술한 다음에 예방적 유방절제술을 받아야 했어요. 그래서 나랑 같이 살면서 내 주치의와 외과 의사에게 진료를 받았죠.

케이티 와!

엠마 그래서 우린 다시 친해졌어요. 그동안은 오랫동안 멀리 떨어져 살았거든요. 지금은 둘이 함께 이 시기를 헤쳐 나가는 중이에요.

케이티 그래서 "암은 내 인생을 망쳐 놓았다"―그게 진실인가요?

엠마 아뇨. 내 몸을 망쳐 놓았을 뿐이에요.

케이티 "암은 내 몸을 망쳐 놓았다"―그게 진실인가요?

엠마 예! 이건 분명히 진실이에요! 지금 내 모습이 어떤지 아세요? 마치 공원에서 잔인한 살인자를 만난 사람 같아요. 이건 정말 받아들이기 힘들어요.

케이티 이해해요, 허니. 이해하고말고요. 그래서 "암은 내 몸을 망쳐 놓았다"―그게 진실인가요?

엠마 내 몸을 바꿔 놓았죠.

케이티 "암은 내 몸을 망쳐 놓았다"―그게 진실인가요?

엠마 예! 정말 그래요! 내 말은, 혹시…

케이티 의사가 "당신이 원하든 원하지 않든 수술하겠습니다"라고 말했나요? 아니면 당신이 수술에 동의했나요?

엠마 내겐 선택의 여지가 없었어요. 내 생각대로 되지 않았죠.

케이티 그런데 당신은 그 수술에 동의했나요? 차를 타고 병원에 가서 수술해 달라고 돈을 냈나요?

엠마 예.

케이티 좋습니다. 그래서 "암은 내 몸을 망쳐 놓았다"—그게 진실인가요? 당신은 선택의 여지가 없었다고 했습니다. 그 밖에 다른 선택이 뭐가 있었죠?

엠마 그럼 내가 내 몸을 망쳐 놓았다는 말이로군요!

케이티 당신은 선택의 여지가 없었다고 했습니다. 그 밖에 다른 선택이 뭐가 있었나요? 수술을 하든지, 아니면…

엠마 죽음요, 죽음.

케이티 그러니까 당신이 결정을 한 겁니다. 아무도 당신에게 그런 결정을 하라고 강요하지 않았어요. 그건 당신의 결정이었어요. "암은 내 몸을 망쳐 놓았다"—그게 진실인가요?

엠마 음, 암에 걸리지 않았더라면 수술에 동의할 필요도 없었겠죠.

케이티 "암은 내 몸을 망쳐 놓았다"—그게 진실인가요?

엠마 여전히 그런 것 같습니다.

케이티 당신은 죽을 수도 있었어요.

엠마 예.

케이티 그런데 당신은 어떤 걸 선택했나요? 수술을 선택했습니다.

엠마 맞아요.

케이티 수술할 때는 어떻게 하죠? 수술실엔 수술용 칼들이 있습니다.

엠마 예.

케이티 "암은 내 몸을 망쳐 놓았다"—그게 진실인가요?

엠마 "아니요"라고는 말 못하겠어요!

케이티 괜찮습니다. 그래서 "암은 내 몸을 망쳐 놓았다"라는 생각을 믿을 때, 당신은 어떻게 반응하나요? "나는 그렇게 하지 않았어! 나는 그 수술과는 아무 상관이 없어, 암이 그랬다고!" "암이 내 몸을 망쳐 놓았다"는 생각을 믿을 때 당신은 어떻게 반응하나요? 암이 있어도 수술하지 않을 수는 있습니다.

엠마 다른 선택이 생각나지 않아요.

케이티 죽는 것이 또 다른 선택이었습니다.

엠마 예, 나는 그걸 선택하진 않았어요.

케이티 예, 아주 친절한 선택을 했죠.

엠마 아, 그러네요.

케이티 이해했나요?

엠마 예.

케이티 좋습니다. 오, 허니, 어디에서도 우리는 희생자가 될 수 없답니다. 우리는 선한 행동을 합니다. 우리는 결코 "암이 내 몸을 망쳐 놓았어"라고 할 수가 없습니다. 내가 그렇게 했습니다. 그것은 현명한, 애정 어린, 친절한 결정이었습니다. 암은 나를 좌지우지할 수 없습니다.

엠마 예.

케이티 만약 "암은 내 몸을 망쳐 놓았다"는 이야기가 없다면, 당신은 누구일까요?

엠마 그냥 나 자신일 거예요. 조금 덜 안전할지는 모르지만 망가지지는 않을 거예요.

케이티 방금 어떤 이미지가 떠올랐는데, 당신이 우리 앞에 벌거벗고 서서 말하네요. "이 몸이 보이나요? 내가 한 거예요. 내가 내 목숨을 구했어요. 이 모습은 그 대가로 치른 거죠. 이게 보이세요? 이건 사랑의 행위랍니다."

엠마 거울에 비친 내 모습을 보는 게 힘들어요.

케이티 그럴 거예요. 당신의 몸이 지금과 달라야 한다고, 다르면 당신에게 뭔가 이로울 거라고 믿고 있으니까요. 그 몸은 사람들의 사랑과 인정을 받기 위한 상품인데, 당신은 그럴 수 있는… 가치를 잃었다고 느낍니다.

엠마 예, 이제 데이트를 한다는 건 예전과는 완전히 다를 거니까요.

케이티 예. 당신처럼 마음이 열린 어떤 사람을 상상할 수 있나요? 만약 어떤 사람이 나의 몸을 더없이 아름답게 보지 않는다면, 나는 그들에게 문제가 있다고 생각해요.

엠마 음, 꽤 특별한 사람들이라면 그럴 수 있겠죠.

케이티 예. 그게 당신이 원하는 것 아닌가요?

엠마 그게 최선이죠. 내 현실이 그러니까요.

케이티 아, 정말인가요? 알게 될 거예요. 곧 알게 될 겁니다. 우리가 그곳으로 갈 겁니다. 그래서 "암은…"

엠마 아니, 내 말은 지금 내 몸이 망가졌으니 그들에게도 이게 현실이 될 거라는 뜻이에요.

케이티 예. 어떤 사람은 당신과 함께 있으면서 그 몸을 좋아하지 않을 수 있겠죠. 당신은 몸을 숨기려 하면서 다른 어떤 방법으로 그들을 매수하려 할 수 있습니다.

엠마 (웃으며) 알겠어요.

케이티 우린 이런 수법들을 무궁무진하게 쓸 수 있습니다. 현실을 받아들이기로 마음먹을 때까지는 말이죠. "이 몸을 보세요. 어떻게 생각하세요?"

엠마 예. 그들이 바로 알 필요는 없겠죠… 잘 모르겠어요…

케이티 예. 자, "암은 내 몸을 망쳐 놓았다"—뒤바꿔 보세요.

엠마 나는 내 몸을 망쳐 놓았다.

케이티 예.

엠마 내가 내 몸을 포기했어요.

케이티 …아주 좋은 이유 때문이었죠.

엠마 예.

케이티 이제 이걸 한번 들여다보죠. "내 몸은 망가졌다"—그게 진실인가요? 상품으로서의 가치가 망가진 건가요, 아니면 어떤… 어떻게 망가졌죠? 상품으로서의 가치 말고 또 무엇을 잃었나요?

엠마 하긴 어차피 플레이보이 잡지 모델을 하려고 했던 건 아니니까요.

케이티 그래서 "내 몸은 망가졌다"—어떤 면에서 망가졌다는 건가요? 좀 더 구체적으로 들어가 보죠.

엠마 음, 내 몸은 망가졌어요. 내가 싫어하니까요. 마음에 안 들어요. 쳐다보기도 싫어요.

케이티 어떤 면에서 망가졌죠?

엠마 알몸을 보여 줄 수 없다는 면에서요.

케이티 예. 만약 누가 그런 눈으로 당신을 바라본다면, 당신은 그들에게 원하는 것을 얻지 못할 테니까요. 당신은 그렇게 믿고 있습니다.

엠마 내게는 그게 현실인 것 같은데요.

케이티 그래요. 무엇이 우선인지를 먼저 봅시다.

엠마 알겠어요.

케이티 그것이 태어난 곳은 당신의 내면입니다. 당신은 자기 몸이 보기 싫으니까 남들도 그럴 거라고 투사합니다. 그리고 남들도 싫어할 거라고 투사하게 되면, 당신은 자신이 믿고 있는 것을 잃게 됩니다. 암에 걸리기 전의 몸으로는 살 수 있다고 상상했던 안전을 잃게 되는 거죠.

엠마 하지만 전에는 그걸 가지고 있었어요! 가지고 있었다고요. 그건 마치…

케이티 뭘 갖고 있었다는 말인가요?

엠마 멋진 몸을요.

케이티 예.

엠마 하지만… 알아요. 당신 말이 정말 맞다는 것을요. 나는 지금 여기에 있으면서 과거 얘기를 하고 있네요.

케이티 그래서 "내 몸은 망가졌다"—그게 진실인가요?

엠마 "내 몸은 우스꽝스러워 보인다"고 생각해요.

케이티 좋아요. 그래서 "내 몸은 망가졌다"는 생각을 믿을 때, 당신은 어떻게 반응하나요? 내면에서 어떤 느낌이 드나요?

엠마 아, 끔찍해요. 그냥 숨어 버려요. 집에만 틀어박혀 있어요.

케이티 이제 눈을 감아 보세요. "내 몸은 망가졌다"는 생각을 믿을 때는 어떤 그림이 떠오르나요? 당신의 마음은 어디를 여행하나요? 스트레스를 주는 생각들을 잘 보세요. 자신을 공격하는 그림들을 잘 보세요.

엠마 늘 혼자 외롭게 있는 모습이 떠오릅니다. 늘 혼자 외롭게….

케이티 "내 몸은 망가졌다"는 이야기가 없다면, 당신은 누구일까요? 그 생각이 없다면 당신은 어떻게 살아갈까요?

엠마 그냥 있겠죠. 다른 모든 사람처럼. 다시 예전의 나로 돌아갈 거예요.

케이티 예, 자기의 삶을, 무척 생산적이고 멋진 삶을 살면서…. 건강하고, 일하러 갈 수 있고, 요리를 할 수 있고, 자기를 잘 돌볼 수 있고, 마음이 가라고 하면 어디든지 가는 그런 몸으로…

엠마 예, 앞으로 나아갈 수 있겠죠.

케이티 그럴 준비가 되어 있는 몸으로! "내 몸은 망가졌다"—그게 진실인가요?

엠마 아뇨.

케이티 아닙니다. 당신은 할 일이 있고, 당신의 몸은 육체적으로 그 일을 할 수 있습니다.

엠마 예.

케이티 만약 내가 내 몸은 남자를 유혹하기 위한 거라고 생각한다면, 그 삶은 얼마나 제한적이겠어요? 친구들에게 매력적으로 보이기 위한 거라면, 역시 얼마나 제한적인 삶이겠어요? 우리에겐 해야 할 일이 있습니다. 사랑하는 것, 일하러 가는 것이 우리의 할 일입니다.

엠마 예. 사실 욕실에서 내 몸을 보면서 느끼는 감정을 알아차리는 것만큼 남들에 관해 생각하지는 않아요. 내가 얼마나 받아들이지 못하는지…

케이티 당신에게 보이는 모습을.

엠마 나에게 보이는 모습을.

케이티 그런데 당신이 그런 결정을 했습니다. 당신의 생명을 구하려고 수술하겠다는 결정을 했죠. 그 수술 자국들은 당신이 어떻게 자신의 생명을 구했는지, 그래서 어떻게 이 세상에서 할 일을 했는지 보여 주고 있습니다.

엠마 예.

케이티 그러니 이제 그 상처들이 아름다운 이유를 세 가지 찾아보세요. 수술을 한 뒤 당신의 몸이 아름다운 세 가지 이유를요.

엠마 음, 이제 밀어붙이시네요. (웃음)

케이티 눈을 감고 한번 들여다보세요. 세 가지 아름다운 이유를 찾아보세요.

엠마 상처들은 하나도 아름다울 게 없는데요.

케이티 그것들이 당신의 목숨을 구했습니다.

엠마 맞아요.

케이티 그 밖에 또 무엇이 아름다울 수 있죠? 내게 보이는 건 온통 아름다움뿐입니다. 그 상처들이 어떻게 치유되고 있는지를 보세요. 그게 보이나요? 당신은 그 상처들이 어떻게 치유되고 있는지 관심을 주기나 했나요? 그 기적을 보려고나 했나요?

엠마 아뇨. 그중 하나가 모든 걸 망쳐 버렸어요. 모든 걸 엉망으로 만들어 버렸죠. 더이상 흉할 수가 없어요.

케이티 치유되고 있나요?

엠마 치유되지 않을 거예요. 수술을 더 하려고 하면 할 수는 있지만, 그러고 싶지 않아요. 그러니까 나는 그냥 살아가야 해요… 지금 이대로.

케이티 치유되고 있는 부분이 있기는 있나요?

엠마 상처들이 치유되고는 있어요.

케이티 그렇군요. 감사합니다.

엠마 예.

케이티 그게 오히려 아름답다고 생각되지는 않나요?

엠마 전혀요!

케이티 상처들이 치유되고 있다는 것이?

엠마 그건 그래요.

케이티 그건 기적 같은 일입니다. 의사들이 우리 몸을 칼로 절개해도 몸이 치유된다는 것은…. 내 눈에는 그게 아름답게만 보이는군요.

엠마 예, 이해가 되는 게… 날마다 팔이 조금씩 더 많이 움직이게 되거든요.

케이티 그게 아름답지 않나요?

엠마 예. 예전처럼 몸을 마음껏 움직이지는 못할 거라는 두려움만 없다면…

케이티 날마다 팔이 조금씩 더 멀리까지 움직이는데도요.

엠마 조금씩 그렇죠.

케이티 예, 그런데도 우리는 그걸 아름답게 보지 못합니다. 그 대신에 예전보다 못하는 부분만을 생각하죠.

엠마 예. 아무도 모르니까요. 암이 재발할지는…

케이티 재발하지 않을지도…

엠마 맞아요.

케이티 당신은 팔을 날마다 조금씩 더 들어 올릴 수 있는데, 그게 아름다워 보이지 않나요?

엠마 음… 기분이 조금 좋긴 하네요. (웃음) 그렇지만 물리치료사인 내게는 너무 더뎌서 실망스러울 뿐이에요.

케이티 매번 조금씩 더 많이 움직이는 게 실망스러운 일인가요?

엠마 아뇨, 좋은 일입니다.

케이티 좋은 일이죠! 좋아요. 내겐 그 일이 놀라워 보입니다. 놀랍죠! 전혀 움직일 수 없다가, 조금 움직일 수 있게 되고, 그 뒤엔 더 많이 더 많이…. 놀라운 일이에요.

엠마 예.

케이티 하지만 마음은 말합니다. 이 팔이 앞으로 다시는 이것도 못 하고 저것도 못 할 거라고… 당신이 그 생각에 갇혀 있으면, 마음은 그게 옳다는 걸 증명하느라 바쁘고, 그렇게 되면 현실에 감사할 여지가 없어집니다. 현실은, 당신이 어떻게 생각하든 상관없이, 몸이 조금씩 나아진다는 것입니다. 당신의 믿음 체계에도 불구하고 몸은 여전히 제 할 일을 하고 있습니다. 상처들은 치유되고 있고, 팔은 더 높이 올라가고 있습니다.

엠마 예, 조금씩 나아지고 있는 긍정적인 부분에 더 관심을 기울여야겠네요.

케이티 예. 당신의 몸은 당신보다 더 잘하고 있습니다.

엠마 예, 정말 그러네요.

케이티 당신이 그걸 이해하니 기쁘군요.

엠마 예, 내 마음을요. 내 몸을요.

케이티 거울 앞에 서서 당신이 스스로 생명을 구한 기적을, 몸이 스스로 치유하고 당신에게 줄 수 있는 모든 것을 다시 돌려주는 기적을 보세요. 그리고 당신이 어떻게 하면 그걸 감사하지 않게 되고, 어떻게 하면 감사하게 되는지 보세요. 자, "내 몸은 망가졌다"—뒤바꿔 보세요.

엠마 내 몸은 망가지지 않았다.

케이티 그게 어떻게 해서 진실인지 하나의 예를 찾아보시겠어요?

엠마 내가 내린 결정은 정말 옳은 결정이었어요. 그리고 그 결정을 내린 건 나였어요. 남들이 내게 그렇게 한 게 아니었고, 암이 일부러 내게 문제를 일으킨 것도 아니었어요. 내가 뭘 잘못해서 벌을 받은 것도 아니었고요.

케이티 그렇죠.

엠마 모두들 그 안에 어떤 축복이 담겨 있다는 걸 알게 될 거라고 말했지만, 그 말을 믿기가 힘들었어요.

케이티 나는 당신 입으로 하는 말을 들었습니다.

엠마 엄마와 아들에 관한 얘기 말인가요?

케이티 예.

엠마 여동생도…

케이티 예. 당신이 환자들을 돕는 일에 도움이 될 거라는 얘기도요.

엠마 예. 하지만 암이 없었어도 그렇게 할 수는 있었어요.

케이티 오, 정말요?

엠마 예! 그렇게 생각해요!

케이티 "엄마, 여기 오셔서 일 년 내내 저를 돌봐 주세요. 그리고…"

엠마 어머니는 원래 여기에 사세요.

케이티 좋아요, 그래서 "일 년 내내 저를 돌봐 주세요."

엠마 예, 금전적으로는요.

케이티 그리고 아들은요? 당신이 암에 걸리지 않았어도 그가 책임감을 가지고 지금처럼 행동했을까요?

엠마 쓰레기를 모아 밖에 내놓는 거 같은 거요? 하지만 그런 게 무슨 가치가 있는지 모르겠네요.

케이티 자신에게 물어보세요. 만약 그게 유일한 길이라면… 만약 어머니에게 진심으로 관심과 보살핌을 받을 수 있는 유일한 길이 그것뿐이라면… 만약 그것만이 유일한 길이었다면…. 그걸 가지고 놀아 보세요. 그런데 당신 몸에서 망가지지 않은 곳은 어디인가요?

엠마 망가지지 않은 곳이 어디냐고요?

케이티 예.

엠마 발가락… 전부 다죠. 수술 자국들만 빼고요. 그 자국들 중 하나는 다른 것들과는 모양이 다르고, 머리를 민 곳도 두 군데가 있고, 또…

케이티 당신 몸에서 망가지지 않은 부분이 어딘가요? 당신은 방금 이야기 속으로 들어갔습니다.

엠마 아, 내가 망가진 곳들을 얘기하고 있었군요.

케이티 잘 알아차리셨어요! 그것들이 망가졌다는 것은 당신의 견해입니다.

엠마 예. 발이나 다리는 망가지지 않았어요. 대체로 살은 좀 쪘지만… 다리는 멀쩡해요. 목도 괜찮고요. 얼굴도 괜찮습니다.

케이티 팔도 괜찮아 보이네요.

엠마 예. 단지 이쪽 팔을 예전처럼 잘 쓰지는 못할 뿐이죠.

케이티 그건 세상의 수많은 사람에게도 해당되는 얘기입니다.

엠마 그들도 몸에 뭔가 문제가 있겠죠.

케이티 그들도 한쪽 팔을 그런 식으로, 다른 팔만큼은 쓰지 못합니다.

엠마 맞아요, 맞습니다.

케이티 좋아요. 자, 계속 읽어 주세요. 처음부터 다시 읽어 보세요.

엠마 나는 암 때문에 화가 난다. 왜냐하면 암은 내 인생을 망쳐 놓았기 때문이다. 이건 진실이 아니에요.

케이티 암이 인생을 망치지 않았다는 걸 알게 되니 좋지 않나요?

엠마 좋아요. 다시 그런 식으로 살 필요가 없으니까요.

케이티 망가진 삶으로…

엠마 예. 다시 시작해야 한다고 생각할 필요도 없겠죠. 처음부터 다시 시작해야 한다고 생각했거든요.

케이티 그건 전혀 진실이 아닙니다.

엠마 그렇죠. 그 말을 들으니 안심이 되네요. 나는 암이 나에게나 다른 누구에게나 다시는 재발하지 않기를 원한다. 음, 이건 너무 비현실적이긴 하지만…

케이티 "나는 암이 재발하지 않기를 원해"라는 생각을 믿을 때, 당신은 어떻게 반응하나요?

엠마 그건 진심이에요! 정말 원치 않아요. 내 말은, 나는… 두 번 다시는 이 일을 견뎌 낼 수 없을 거라고 생각해요. 다시 재발하면 죽어 버리고 말 거예요.

케이티 예, 한번 보죠. 암이 재발하면 당신은 견뎌 내지 못할 것이다.

엠마 못해요. 다시는 할 수 없어요!

케이티 그 말이 맞을 수도 있습니다. 그 말을 믿지 않는 게 아니에요. 그런데 당신은 뭘 하고 있나요? 우주를 위협하고 있나요? 암을 위협하고, 신을 위협하고 있나요? 당신은 뭘 하고 있나요? 위협을 하고 있습니다. "나는 다시는 못 해!"라면서. 허니, 그것은 그냥 있는 그대로일 뿐입니다. "만약 암이 재발하면 나는 견뎌 내지 못할 것이다"—당신은 그게 진실인지 확실히 알 수 있나요?

엠마 아뇨. 알 수 없어요.

케이티 잠시 그걸 느껴 보세요. "다시는 할 수 없어. 다시는 못하겠어"라는 생각을 믿을 때 어떤 느낌이 드는지 보세요.

엠마 예, 아까 말씀하신 대로네요… 내 목숨을 가지고 위협하는 듯한 느낌. 마치 나 자신에게 마지노선을 그어 놓은 것 같아요. 상상조차 하기 싫다고 해서 내가 할 수 없다는 뜻은 아니겠죠.

케이티 좋아요! "나는 다시는 할 수 없어"—이 이야기가 없다면, 다음에 검진을 받으러 갈 때 당신은 누구일까요?

엠마 아마 용감하겠죠?

케이티 마음도 열려 있겠죠.

엠마 기꺼이 받아들일 것 같아요… 결과가 어떻게 나오든.

케이티 "다시는 할 수 없어"라는 생각을 믿을 때, 몸에서는 어떻게 느껴지나요?

엠마 온몸이 잔뜩 긴장돼요.

케이티 예. 그 생각을 믿을 때와 믿지 않을 때, 당신이 건강하고 건강한 면역체계를 유지하기 위해 산소와 많은 것을 필요로 하는 혈액계와 동맥, 그 밖의 모든 곳에는 어떤 영향을 미치나요? 하나의 길에서는, 당신은 용감하게 안으로 들어갑니다. 자신이 다시 할 수 있는지 없는지 모르면서도…. 다른 길에서는, "다시는 할 수 없어!"라면서 그저… "으으으아으" 하고 신음합니다.

엠마 그건 도움이 안 되죠.

케이티 예. 그런 몸은 산소가 지나다니기 어렵습니다.

엠마 수축되어 있으니까요. 예.

케이티 "다시는 할 수 없어"—뒤바꿔 보세요.

엠마 다시 할 수 있어.

케이티 그럴 수도 있습니다.

엠마 그럴 수도 있죠. 아, 이런. 하지만 나는 걱정하는 걸 그만둘 필요가 있어요. "그러면 어쩌지?" 하고 걱정하는 걸 멈출 필요가 있다는 말이죠.

케이티 그게 진실인가요? "그러면 어쩌지?" 하고 걱정하는 걸 멈춰야 한다는 말이?

엠마 그러면 기분이 안 좋아지니까요. 하지만 어쩔 수 없는 일 같아요.

케이티 "나는 이걸 멈춰야 해"라는 생각을 믿지만 계속 걱정이 될 때, 당신은 어떻게 반응하나요?

엠마 좌절해요.

케이티 "나는 이런 생각을 그만둬야 해"라고 생각하지만 그런 생각들이 또 떠오를 때, 그만두어야 한다는 생각이 없다면 당신은 누구일까요?

엠마 그런 생각을 비난하지 않는다면, 그 생각에 마음이 열려 있을 거예요.

케이티 그 생각을 막으려 하지 않는다면.

엠마 예.

케이티 방어는 전쟁을 벌이는 첫 번째 행동입니다. 그러니 뒤바꿔 보세요. "나는 이런 생각을 멈춰야 한다."

엠마 나는 이런 생각을 계속 해도 된다.

케이티 예. "나는 이런 생각을 멈출 필요가 없다." 계속 읽어 보세요.

엠마 나는 남은 삶을 두려움 속에서 살고 싶지 않다.

케이티 "나는 기꺼이…"

엠마 나는 기꺼이 남은 삶을 두려움 속에서 살겠다.

케이티 "나는 고대한다…"

엠마 왜죠? 왜 그걸 고대해야 하죠?

케이티 왜냐하면…

엠마 …왜냐하면 그게 진실이니까요.

케이티 왜냐하면 생각 작업을 하는 사람들은 두려움을 어떻게 해야 하는지 알기 때문입니다. 우리가 그걸 고대하는 까닭은 그 관문을 통과하기 위해서입니다. 그러면 두려움이 끝납니다. 그런 이유로 고대합니다.

엠마 알겠어요. 나는 남은 삶을 두려움 속에서 살기를 고대한다.

케이티 예. 그 뒤 두려운 생각이 떠오를 때마다 종이에 적고, 질문하고, 뒤바꾸세요. 자, 3번부터 다시 읽어 주세요.

엠마 암은 나를 너무 바꿔 놓지 말아야 하고, 내 마음을 너무 힘들게 하지 말아야 하고, 내 모습을 흉하게 만들지 말아야 하고, 내가 남을 의식하게 하지 말아야 하고, 나를 은둔형 외톨이로 만들지 말아야 한다.

케이티 뒤바꿔 보세요. "내 생각은…"

엠마 내 생각은 나를 너무 바꿔 놓지 말아야 하고, 내 마음을 너무 힘들게 하지 말아야 하고, 내 모습을 흉하게 만들지 말아야 하고, 내가 남을 의식하게 하지 말아야 하고, 나를 은둔형 외톨이로 만들지 말아야 한다.

케이티 맞습니다.

엠마 그럼 내가 나를 비난하고 있는 거잖아요.

케이티 이게 시작입니다. 이제 당신은 자신에 관한 생각들에 질문할 수 있습니다. 그리고 당신의 생각은 당신이 아닙니다.

엠마 예. 그건 다행이네요.

케이티 "내 모습은 흉해졌다"—그게 진실인가요?

엠마 예.

케이티 "내 모습은 흉해졌다"라는 생각을 믿을 때, 당신은 어떻게 반응하나요?

엠마 울어요.

케이티 그런데 "내 모습은 흉해졌다"라는 생각이 없다면, 당신은 누구일까요? 그 생각을 하지 않을 때는 어떤 기분일까요?

엠마 아무 생각이 없겠죠. 그건 문젯거리가 안 됩니다. 그냥 그건…

케이티 좋아요. 그래서 당신의 몸은 문제가 아닙니다. 그 몸에 관한 당신의 생각, 그게 문제일 뿐이죠. 당신의 모습을 흉하게 만드는 것은 바로 그 생각입니다. 몸에 관해 생각하지 않을 때는 몸이 존재하지도 않습니다. 그걸 알아서 다행입니다.

엠마 생각은 고칠 수가 있죠.

케이티 예.

엠마 몸은 고칠 수 없으니 생각을 고치는 게 더 나을 거예요.

케이티 "내 몸은 고칠 필요가 있다"―그게 진실인가요? 당신 몸은 고칠 필요가 있다는 게 진실인지 당신은 확실히 알 수 있나요?

엠마 몸이 괜찮아질 때까지는 진실이죠.

케이티 몸은 괜찮습니다. 몸은 자신에게 아주 만족합니다. 몸은 스스로 치유하고 있습니다. 몸은 자기의 삶을 계속 살면서 할 일을 하고 있습니다. 몸은 흉해졌다는 게 뭔지도 모릅니다. 몸은 자기의 일을 하고 있을 뿐입니다. 몸은 다른 극점으로 들어가고 있습니다. 해결의 극점, 힘이 있는 극점으로.

만약 내가 몸에 집중하면… 그런데 나는 '내 몸'이라고 말할 수도 없습니다. 왜냐하면 그건 몸이 나에게 속해 있다는 말인데, 그건 터무니없는 말이기 때문입니다. 어떻게 몸이 나에게 속할 수 있나요? 이게 내 몸이라는 건 나의 말일 뿐입니다. 내가 뭐라고 말하든 상관없이, 몸은 그저 계속 존재하며 자기의 삶을 살아갑니다… 그런데 만약 내가 몸에 집중하면, 나는 외부의 원인에 집중하고 있습니다. 이 몸은 내가 아닙니다. 그러니 나는 내 일에서 벗어난 것입니다. 내가 마음으로 내 일에서 벗어나면 외로움을 경험하게 됩니다. 그래서 나는 알아차리고, 내 생각으로 다시 돌아옵니다. 거기에 해결책이 있기 때문입니다. 그래서 내 마음은 자기 안에서 집을 찾습니다. 몸은 마음의 집이 아닙니다.

엠마 알겠어요.

케이티 마음의 집은 마음 안에, 마음의 지혜 안에 있습니다. 마음은 몸 안에서는 결코 집을 찾을 수가 없습니다. 몸은 죽습니다.

엠마 예, 사실 머리가 깎이고 "내 가슴을 가져가세요, 내 난소도 가져가세요"라고 말하는 건 꽤 재미있는 경험이었어요. 그래도 나는 여전히 나였죠. 그들은 그걸 가져갈 수 없어요.

케이티 그걸 알게 되어 좋지 않나요?

엠마 그래요.

케이티 그래서 몸에 집중하는 것은 외부 원인에 집중하는 겁니다. 몸을 다정하게 대하고 잘 먹이고 보살피는 것은 좋은 일입니다. 그러지 않을 이유가 어디에 있겠어요? 당신은 그렇게 하는 자신을 좋아합니다. 하지만 몸은 개인의 것이 아닙니다. 그 점에 관해 탐구해 보세요. 마음을 다루면 몸은 뒤따릅니다. 자, 사람들이 당신에 관해 말할 수 있는 최악의 말은 무엇인가요?

엠마 내 몸에 관해서 말인가요?

케이티 예, 옷을 다 벗었을 때. 사람들이 당신에 관해 할 수 있는 최악의 말은 무엇인가요?

엠마 사람들이 그냥 막 웃을 것 같아요. 좀 우습지만요.

케이티 그럼 당신이 거울 속에 비친 몸을 보고 웃으면 아주 좋을 것 같군요.

엠마 예, 그건 어떤 전환일 거예요.

케이티 예, 거울을 보면 몸이 어떻게 치유되고 있는지 보입니다. 그러면 당신은 기대만큼 몸이 치유하고 있지 못하다는 생각을, 몸에 관해 걱정했다는 것을 알아차리고 웃게 됩니다. 그 몸은 당신이 아니기 때문입니다. 그리고 몸을 잘 지켜보면, 몸이 아주 잘하고 있다는 것을 알게 됩니다.

엠마 예, 사실은 내 몸에 대한 관심이 너무 얕았다는 이유로 나 자신을 비난했거든요.

케이티 누구의 몸이라고요?

엠마 이 몸요. 이게 내 몸이 아니라면 그다지 연연해하지 않을 것 같아요.

케이티 "이것은 내 몸이다"—당신은 그게 진실인지 확실히 알 수 있나요? (엠마가 웃는다.) 그것은 아주 오래된 개념입니다. "이것은 내 거야. 내가 그렇다고 말하니까. 그러니까 진실이야." 하지만 내가 그렇다고 말하고 생각하고 믿는다고 해서 그게 진실이 되는 것은 아닙니다. 만약 이게 내 몸이라면, 이런 모습이 되도록 뭘 하고 있는 거죠? 예순셋이라는 나이에 뭘 하고 있죠? 만약 이게 내 몸이라면, 내가 왜 그걸 못 고치나요? 내 성별은, 내 키는 왜 못 바꾸나요? 이 몸이 내 것이라면, 그런데도 나는 별로 통제할 수 있는 게 없군요.

엠마 맞네요. 예, 그렇다면 정말 안심이 되네요.

케이티 몸이 당신의 것이라는 생각을 믿을 때, 당신은 어떻게 반응하나요?

엠마 겁에 질려 버립니다! 정말 겁에 질려 버려요.

케이티 그 몸이 당신에게 속한다는, 그 몸이 당신이라는, 그 몸이 당신의 것이라는 생각이 없다면, 당신은 누구일까요? 어떤 식으로든 당신이 그 몸을 소유하고 있다는 생각이 없다면?

엠마 몸과 분리될 것 같아요. 거리가 생길 테고, 몸에 그렇게 집착하지 않을 것 같아요. 안심이 될 것 같아요.

케이티 그게 몸의 현실입니다. 몸은 당신의 것이 아닙니다. 당신이 그렇게 믿는다고 해서 진실이 되지는 않습니다.

엠마 (청중에게 자기 몸을 가리키며) 누구 원하는 분 계세요?

케이티 그리고 (자신을 가리키며) "이것은 내 것입니다"라고 말하는 것만큼 쉽게 (엠마를 가리키며) "그것은 내 것입니다"라고 할 수도 있습니다.

엠마 우리는 모르니까요.

케이티 그리고 사실, 그것은 그다지 흥미롭지 않습니다. 몸은 걱정하기로 하면 걱정할 게 너무 많습니다. 그래서 당신은 걱정하고,

걱정하고, 또 걱정하지만, 몸은 그저 자신이 하는 일을 할 뿐입니다. 암에 걸리고, 병에 걸리고, 회복되고… 그 모든 일을 하고 있습니다. 놀라운 기적이 아닐 수 없죠.

엠마 그러네요.

케이티 자, "이것은 내 몸이다"—뒤바꿔 보세요.

엠마 이것은 내 몸이 아니다. 이것은 당신의 몸이다.

케이티 내가 가지겠습니다.

엠마 아, 그럼 당연히 치유되겠군요.

케이티 어떻든 간에 그 몸은 치유되고 있습니다.

엠마 예.

케이티 당신이 몸이 아니라는 걸 알게 되면, 당신은 다리 뻗고 앉아서 편안하게 지켜볼 수 있습니다. 몸은 개인의 것이 아니며, 당신은 몸을 보살펴 줄 수 있습니다. 아들이나 어머니를 돕듯이, 또는 직장에서 환자를 돌보듯이. 그저 잘 돌보고 보살펴 주면 됩니다. 몸은 개인의 것이 아닙니다.

다음 문장을 읽어 주세요.

엠마 내가 행복해지려면 암이 영원히 사라져야 한다. 이미 다른 이야기네요.

케이티 음, 이것은 영원합니다. 그리고 암은 사라졌습니다.

엠마 예.

케이티 이것은 영원합니다—바로 지금, 바로 여기. 그리고 암은 사라졌습니다. 이제 행복한가요?

엠마 예.

케이티 그래요. 과거의 경험을 미래로 투사하기 전에는, 당신은 암이 없는데도 불행한 삶이 아니라 암이 없는 행복한 삶을 삽니다. 몸은 마음의 상태에 영향을 미칠 수 없기 때문입니다. 마음… 이것은 재미있는 순환인데, 마음은 육체에 영향을 미칩니다. 마음으로 인한 건강이나 질병을 통해서가 아니라, 마음이 마음을 보는 방식을 통해서 말이죠.

엠마 정말 그래요.

케이티 어떤 남자는 당신의 몸을 보고 "오, 세상에, 수술 자국들이 정말 보기 좋군요. 그게 나를 위해 당신의 생명을 구했으니까요"라고 할 수도 있습니다.

엠마 오, 그거 좋은데요.

케이티 그렇죠. 그리고 그게 실제로 일어난 일입니다. 당신이 우리를 위해 당신의 생명을 구한 거예요. 사실은 "당신이 우리를 위해 '그것'을 구했다"고 말하고 싶군요. 계속 탐구하다 보면, 그 말조차 진실이 아닐 수 있으며, 모든 것은 그저 있는 그대로라는 걸 알게 됩니다.

엠마 예.

케이티 자, 다음 문장을 볼까요?

엠마 암은 지옥이다.

케이티 "암은 지옥이다"—그게 진실인가요? 아니면 암에 관한 당신의 생각이 그런가요?

엠마 암에 관한 내 생각이 그렇습니다.

케이티 그것이 지옥이죠.

엠마 예, 내 생각이 나를 지옥으로 보냅니다. 나 자신의 지옥으로.

케이티 이제 암 때문에 가장 힘들었던 최악의 때로 가 보세요.

엠마 그건 쉬워요. 예, 떠올렸습니다.

케이티 당신은 어디에 있죠?

엠마 화학 요법으로 치료받을 때가 정말 힘들었어요. 죽을 뻔했죠.

케이티 예, 가장 힘들었던 때를 떠올려 보세요. 어떤 상황인가요? 어떤 곳인가요?

엠마 집에 혼자 있었는데, 48시간 동안 소파에서 움직일 수도 없었어요. 전화도 할 수 없었고, 죽을 뻔했죠. 전화도 할 수 없는 상태로 꼼짝 못하고 있었는데, 음… 응급상황이었죠. 이렇게 죽는구나, 하고 생각했어요.

케이티 그러니까 최악의 일은 당신이 소파에 누워서 전화를 할 수 없었던 상황이군요.

엠마 예.

케이티 "나는 죽을 뻔했다"—그게 진실인가요?

엠마 모르겠어요. 의사들이 그렇게 말하긴 했는데, 정말 그랬는지는 모르겠어요.

케이티 당신은 죽거나 죽지 않습니다. 둘 중 하나입니다.

엠마 맞아요. 그건 분명히…

케이티 우리는 "죽을 뻔했다"와 같은 이야기를 좋아합니다. 하지만 진실은, 우리는 죽거나 죽지 않는다는 겁니다. "죽을 뻔했어"라는 생각을 믿을 때, 당신은 어떻게 반응하나요?

엠마 약간의 공황 상태에 빠지게 됩니다.

케이티 진실하지도 않은 이 생각이 없다면, 당신은 누구일까요?

엠마 정직할 거예요.

케이티 예. "죽을 뻔했다"—뒤바꿔 보세요.

엠마 죽을 뻔하지 않았다.

케이티 예. 당신은…

엠마 …그 일을 겪고 살아남았죠.

케이티 예. 당신은 소파에 누워 있고 48시간 동안 전화를 못하고 있습니다. 이 상황에서 어떤 점이 문제인가요?

엠마 누구에게요? 나에게요?

케이티 48시간 동안 소파에 누워 있는 상황에서 어떤 점이 문제인가요? 어디를 가야 했나요?

엠마 약이 필요했어요. 링거 주사도 필요했고, 또…

케이티 정말 그랬나요?

엠마 의사들이 그렇게 말했어요. 그렇게 하면 도움이 되었을 거예요.

케이티 그건 나중 일입니다.

엠마 맞아요.

케이티 당신은 소파에 누워 있습니다.

엠마 그래요. 지금 생각해 보면, 그때 나는 필요한 걸 하고 있었던 것 같아요. 나는…

케이티 어디에 문제가 있나요? 나중에 의사들이 뭐라고 했고 사람들이 뭐라고 했는지는 얘기할 필요가 없습니다.

엠마 예.

케이티 눈을 감아 보세요. 당신은 소파에 누워 있습니다… 이제 이 상황에서 어떤 점이 문제인가요?

엠마 음, 뭔가… 정상이 아닌 것 같았고… 말을 하기 힘들었고… 정신이 좀 몽롱한 것 같았어요.

케이티 마약 하는 사람들이 원할 것 같은 상태처럼 들리네요.

엠마 유쾌한 경험은 아니었어요.

케이티 당신의 생각을 한번 보죠. 당신은 소파에 누워 있습니다. 어떤 생각을 하고 있나요?

엠마 이대로 죽겠구나, 하고 생각했어요.

케이티 좋습니다. 이제 소파 위에 누워 있던 그때로 돌아가 보세요. 그 자리에서 대답해 주세요. "나는 죽을 것이다"—당신은 그게 진실인지 확실히 알 수 있나요? 도움을 받지 못하면, 아무도 오지 않으면 "나는 죽을 것이다"—당신은 그게 진실인지 확실히 알 수 있나요?

엠마 아뇨, 확실히는 알 수 없어요.

케이티 소파 위에 누워 있으면서 "나는 죽을 거야"라는 생각을 믿을 때, 당신은 어떻게 반응하나요?

엠마 겁에 질립니다.

케이티 "나는 죽을 거야"라는 생각이 없다면, 어떤 느낌이 드나요?

엠마 그냥 소파에 누워 있습니다. 괜찮아요.

케이티 그럼 당신의 생각을 제외하면, 암에 관한 최악의 순간은 그냥 한 여인이 소파에 누워 있는 거군요. 그럼 암에 관해 끔찍한 것은 무엇인가요? 당신은 48시간 동안 반듯하게 누워 있습니다. 곧 죽을 것이라고 믿으면서.

엠마 그보다는 심했어요. 속이 완전히 메스껍고 구역질이 났고…

케이티 그럼 그것도 한번 봅시다.

엠마 …그리고 통증, 끔찍한 통증이었어요.

케이티 예.

엠마 단순히 소파에서 일어나지 못한 것만이 아니었어요. 그건 정말… 모든 게 잘못됐었어요. 모든 게 정말…

케이티 구역질에 관해 안 좋은 점은 뭔가요? 육체적인 경험은 빼고요.

엠마 예, 아마 혼자라는 게 더 안 좋았던 것 같아요… 무서웠고… 너무 두려웠습니다.

케이티 술에 취한 사람들도 구토를 합니다. 그러고는 다음 날 또 술을 마시죠.

엠마 예. 그런데 그거하고는 조금 달라요. 이건 말 그대로 뼛속까지 통증이 느껴지거든요.

케이티 예, 그러면 몹시 두려워지죠. 그래서 그 일에 관한 생각들을 바라보라고 계속 요청하는 거예요. 생각은 당신이 어찌할 수 있는 것이니까요. 그럴 때 몸은 튼튼하게 살아 있는 유기체로 존재할 수 있는 최상의 기회를 얻게 됩니다. 그리고 몸은 그렇게 합니다. 결국은 늘 그렇게 하죠. 몸은 자기의 삶이 있고, 당신은 몸을 마음대로 지배할 수 없습니다.

엠마 예, 그건 배웠어요.

케이티 그래서 구토와 통증 말고… 거기에 48시간 동안 누워 있을 때 통증이 얼마나 오래 지속되었나요?

엠마 계속 그랬어요.

케이티 계속요. 좋습니다. 이제, 사람들이 와서 당신을 발견한 순간으로 돌아가 볼 수 있나요? 그때 당신은 어떤 경험을 하고 있었나요?

엠마 친구가 열쇠로 문을 열었어요.

케이티 친구가 들어오는 소리를 들었을 때 어떤 생각이 들었나요? 그 순간, 다리는 아팠나요?

엠마 그럼요, 내 모습이 엉망이었죠.

케이티 생각도 해 보지 않고 바로 대답을 하는군요. 그래서 바로 그 순간…

엠마 알겠어요.

케이티 …친구가 열쇠로 문을 여는 소리를 듣고, 그 친구가 왔다는 것을 알게 되었을 때…

엠마 지금 기억나는데, 그때 내가 옷을 입을 수 있다는 사실에 깜짝 놀랐죠. 병원에 가려고 어찌어찌 기운을 차려서 옷을 입었거든요.

케이티 기적이네요!

엠마 그런 것 같아요.

케이티 예. 48시간 동안 꼼짝도 할 수 없었는데, 마음이 바뀌니까 할 수 있게 되었던 거군요.

엠마 예. 내 몸은 바뀌지 않았을 테니까요.

케이티 안 바뀌었죠. 그럼 당신은 48시간 동안 소파에 누워 있었는데, 그동안 움직일 수 없었다는 것이 진실인가요?

엠마 모르겠어요.

케이티 누가 문을 열고 들어오니까 당신은 움직일 수 있었습니다. 당신은 일어나서 옷을 입었어요.

엠마 예. 만약 지진 같은 일이 일어났더라면 아마 소파에서 곧바로 일어났을 것 같네요.

케이티 그저 친구가 문을 열고 들어왔을 뿐인데, 당신은 일어나서 옷을 입고 밖으로 나왔습니다.

엠마 예. 차에 탔어요. 풉!

케이티 당신은 지금 암에 관한 경험에서 가장 힘들었던, 최악의 때에 관해 얘기하고 있는 중입니다. 그게 최악의 일이었습니다. 그리고 우리는 지금 당신의 믿음이 얼마나 큰지를 보고 있습니다. 당신은 소파에서 꼼짝도 할 수 없다고 믿었습니다. 그건 진실이 아닙니다. 당신은 죽을 것이라고 믿었습니다. 그것도 진실이 아닙니다. 그런 생각은 당신에게 온갖 두려움을 불러일으키며, 이미 있는 통증에도 아무 도움이 되지 않습니다.

엠마 맞아요. 나는 무슨 일이 일어나고 있는지 모르고, 내 몸은…

케이티 그래서 거기에 "나는 기꺼이"와 "나는 고대한다"가 들어옵니다. 왜냐하면 스트레스를 받을 때마다, 그것은 당신이 믿고 있는 생각을 들여다보는 아주 좋은 기회이기 때문입니다. 생각 작업을 충분히 해서 그 질문들이 당신 안에 살아 있다면… 얼마나 멋진 여행이 될까요! 얼마나 멋진 여행일까요!

엠마 알겠어요.

케이티 스윗하트, 당신과 함께해서 좋았습니다.

엠마 정말 감사드립니다.

케이티 천만에요. 언제든 환영합니다.

엠마 (청중에게) 모든 분께 감사드려요.

나는 부족한 사람이에요

어린아이처럼 시작해 보세요. 그냥 어린아이가 되세요.
진실을 사랑하는 마음으로 내면으로 들어가 보세요.
우리를 자유롭게 하는 것은 진실이라는 걸 나는 알게 되었습니다.
아주 작은 진실들이 그렇게 합니다. 그리고 대수롭지 않은 개념에 대해
제대로 질문을 해 보면, 그 힘에 깜짝 놀랄 겁니다.

"나는 부족하다"는 것은 가장 고통스러운 이야기 중 하나입니다.
하지만 평화가 자기 안에서 일어난다는 것을 알게 되면,
당신은 마침내 이 세상을 즐길 수 있게 됩니다. 참된 성공이 무엇인지를
이해하면 우리 모두는 자기를 사랑하게 됩니다.

조나단 생각 작업을 많이 했는데도 끈질기게 계속되는 믿음이 있습니다. 도와줄 수 있나요?

케이티 도울 수 있다면 당연히 돕고 싶죠. 내가 태어난 것은 그 때문이니까요.

조나단 사람들뿐 아니라 나 자신과 겪는 많은 갈등 가운데는 이 믿음이 있는 것 같아요. "나는 부족해"라는 믿음이요. 그리고 어떤 사람들은 다른 사람들보다 낫다는 느낌이 듭니다. 당연히 반대로, 어떤 사람들은 다른 사람들보다 못하다는 느낌도 들고요.
그럴 때마다 그 생각 때문에 괴롭습니다. 그리고 이게 더 안 좋을 수 있는데, 어디에 있든지 항상 내 서열이 어디쯤인지를 확인하려

합니다. 끊임없이 그러는 바람에 이젠 정말 지긋지긋합니다.

케이티 스윗하트, 여기로 올라오시겠어요? 당신 안에 있는 지혜가 당신을 도울 수 있는지 한번 보기로 하죠.

조나단 이 문제에 관해 또 문제인 건 뒤바꾸기입니다. 특히 "그 생각이 없다면 당신은 누구일까요?"라는 네 번째 질문은 무슨 공상과학소설 같아요. 그걸 해 보기는 하는데 내 현실과는 별 상관이 없는 것 같거든요.

케이티 예, 그러니 여기 나의 응접실로 들어오세요. (청중이 환호하며 박수를 친다. 조나단이 무대로 올라가서 앉는다.) 자, 당신은 부족하군요.

조나단 예.

케이티 뭘 하기에 부족하죠?

조나단 이 생각 작업은 아마 잘 안 될 텐데, 이미 계속 헛돌고 있었거든요. 이미 이 부분에 관해 여러 번 생각 작업을 해 봤지만, 나중에 보면 다시 같은 자리로 돌아오더군요.

케이티 이제 질문으로 돌아가 보죠.

조나단 여기에 관해 생각 작업을 하면 어떻게 될지 벌써 알 것 같은데, 그건…

케이티 자, 다시 질문으로 돌아가 볼까요?

조나단 (자기를 풍자하는 목소리로) 알아요, 알아. "나는 여기에 앉아 있는 것으로 충분해." 그게 뭐 별거야?

케이티 그거예요! 그게 바로 별것입니다. 당신은 여기에 앉아 있는 것으로 충분합니다. 그게 핵심입니다. 그 핵심을 정말로 이해하게 되면, 그게 당신의 마음을 날려 버릴 거예요.

조나단 예… 그건 별게 아닌데…

케이티 잠시만 천천히 해 보세요.

조나단 그건 정말 별거 아니지 않나요?

케이티 그걸 정말 이해하게 되면 알려 주세요. 그런데 내게는 그것이 별것 아닌 게 아니었어요. 그것은 어떤 깨달음이었어요. 그것은 "나는 부족해, 언제나 부족했어, 그리고 앞으로도 영원히 부족할 거야"라고 굳게 믿으면서 십 년 넘게 절망하던 나에게 내가 줄 수 있었던 가장 심오한 깨달음이었습니다.

조나단 그렇군요.

케이티 당신을 떠받치고 있는 의자를 느껴 보세요. 그냥 몸을 편안히 맡겨 보세요. 지금 당신에게 10억 달러가 있다면… 당신이 세상에서 가장 성공한 사람이고, 지금 이 의자에 앉아 있다면…

조나단 잘 와닿지 않네요. 내 문제는 돈이 아니거든요. 그건…

케이티 당신이 세상에서 가장 중요한 사람이라면, 그걸 모든 사람이 알고, 온 세상이 알고, 신도 안다면, 그 의자가 훨씬 더 좋게 느껴질까요?

조나단 예!

케이티 그게 진실인가요? 그 의자가 훨씬 나을 것이다?

조나단 예.

케이티 당신은 그게 진실인지, 그 의자가 더 낫게 느껴질 것인지 확실히 알 수 있나요? 당신은 세상에서 가장 성공한 사람입니다. 신도 알고 모든 사람이 다 압니다. 모든 카메라가 당신을 향하고 있습니다. 그럼 그 의자가 그 자리에서 정말로 훨씬 더 편안하게 느껴질까요? 당신이 그 위치에 있으면서 그 자리에 앉아 있다면, 정말 그럴 것인지 확실히 알 수 있나요?

조나단 알 수 없습니다. 의자는 의자로 있겠죠. 사람과는 상관없이요.

케이티 예, 그런데 단순히 의자만 있는 것은 아닙니다. 그렇죠? 그 의자에는 마음이 앉아 있습니다.

조나단 맞아요.

케이티 이 의자에 앉아 있는데 "나는 부족해"라는 생각을 믿을 때, 당신은 어떻게 반응하나요? 알든 모르든, 당신은 세상에서 가장 중요한 사람입니다. 단지 알아차리지 못하고 있을 뿐이에요. 당신은 알지 못하고, 알 수가 없습니다. 당신이 중요한 사람이 아니라고 말하는 것은 오직 당신의 마음뿐입니다. 당신은 생각을 믿고 있을 뿐입니다. 그래도 괜찮습니다. 나는 그저 묻고 있습니다. "나는 부족해"라는 생각을 믿을 때, 당신은 어떻게 반응하나요?

조나단 어떻게 그럴 수 있는지 여쭤봐도 될까요? 어떻게 내가 그걸 모를 수가 있죠? 어떻게 증거가 하나도 없을 수 있죠?

케이티 당신이 모른다는 것이 증거입니다.

조나단 아.

케이티 그 생각을 믿을 때 당신은 어떻게 반응하나요? 진실을 모를 때는 마음이 무척 힘들어집니다. 그것은 혼란스러운 마음, 두려워하는 마음입니다. 그것은 거짓말과 같은 느낌입니다. 하지만 그게 당신에게는 거짓말이 아닙니다. 자기의 생각을 믿고 있으니까요. 그래서 그럴 수 있는 거죠.
지금 이 의자에 앉아 있을 때 "나는 부족해"라는 생각이 없다면, 당신은 누구일까요? 거기에 성공한 사람으로 앉아 있어 보세요. 실패한 사람으로 앉아 있어 보세요. 당신이 되고 싶었던 모든 남자로, 혹은 여자로, 아이로, 자기 자신으로 앉아 있어 보세요. 이 의자에 앉아 있을 때 "나는 부족해"라는 생각이 없다면, 당신이 누구일지 거기에 앉아서 경험해 보세요. (긴 침묵) 지금 당신을 떠받치고 있는 걸 그냥 느껴 보세요.

조나단 내 말은…

케이티 떠받치고 있는 의자를 한번 느껴 보세요.

조나단 어렵네요.

케이티 그게 당신을 떠받치도록 허용해 보세요. 당신이 알아차리든 그렇지 않든 의자가 그렇게 하고 있으니까요. 그리고 당신을 숨 쉬게 하는 호흡을, 의자를 떠받치고 있는 바닥을 경험해 보세요. 당신의 팔을 떠받치고 있는 것, 몸을 떠받치고 있는 것을 느껴 보세요.

조나단 (긴 침묵 후) 여기에 앉아 있는 건… 몸이네요.

케이티 당신이 누구든지 간에요.

조나단 예… 그러네요. 내 말은, 그건…

케이티 충분한가요? 지금 이 순간? 나중에 관해 말하는 게 아니에요.

조나단 예… 이건 충분한 것 이상이네요. 정말 경이롭네요… 그냥 한 순간이에요. 그게 그 모든 것이네요, 짧고 짧은 순간화면들 속에 그냥 앉아 있는, 마치 순간정지 화면처럼. 좋네요. 좋은 것 이상이에요. 좋다는 말로도 표현할 수가 없어요.

케이티 예. "나는 부족하다"—뒤바꿔 보세요.

조나단 나는 충분하다.

케이티 좋습니다. 이제 왜 그게 진실인지 세 가지 이유를 찾아보세요. 당신은 진짜를 원합니다. 결국 당신은 그것만을 믿게 될 테니까요… 이유들을 찾아보세요. 지금 이 의자에 앉아 있는 남자가 왜 충분한지, 자신에게 진실한 이유들을 찾아보세요. 왜 충분한 것 이상인지.

조나단 (긴 침묵 후) 그게 좀 왔다 갔다 하는데요. 내가 정말로 말할 수 있는 것은 더이상 가져야 할 것이 하나도 없다는 거예요.

케이티 없어요. 없습니다.

조나단 그런데 그게 좀 왔다 갔다 해요. 마음이 즉시 앞으로 나아가 버리거든요.

케이티 그게 당신에게서 알아차림을 앗아갈 거예요. 그래도 괜찮습니다. 그냥 알아차리세요. 그게 현실과 무슨 상관이 있을까요?

조나단 그건 분명 수많은 사람이 갈팡질팡하면서 더 높은 곳으로 올라가려고 기를 쓰는 이유와 관련이 있습니다.

케이티 '수많은 사람'은 빼겠습니다. 당신은 왜 그런가요?

조나단 예, 나는 왜 그러는 걸까요?

케이티 스스로 물어보세요. 당신은 왜 그런가요? 그건 당신이 얼마나 열심히 일하고 얼마나 애쓰는지와는 상관이 없어요. 당신은 결국 어디에서든 의자에 앉습니다.

조나단 예… 맞아요. (웃음)

케이티 혼자서!

조나단 예, 마치 핀볼게임 같다는 생각이 들었어요. 공이 항상 마지막에는 구멍으로 들어가 버리잖아요.

케이티 예, 그것은 어디선가는 쉬어야 합니다… 왜 그냥 여기에 앉아 있는 것으로 충분할까요?

조나단 사실은 충분하지 않아요. 지금 당장 뭔가를 깨달아야 한다고 느껴지거든요. 무슨 말인지 이해되나요? 나는 여기에 나와 있기 때문에 지금 뭔가를 깨달아야 해요. (청중이 웃는다.)

케이티 그것은 하나의 생각입니다. 이제 질문으로 돌아오세요. 왜 그런 체험 없이 그냥 지금 여기에 앉아 있는 것만으로 충분할까요?

조나단 내가 떠올릴 수 있는 최선의 대답은, 나에게는 다른 선택의 여지가 없다는 겁니다. 내게 어떤 선택의 여지가 있을까요? 나는 미래에 되고 싶었던 사람일 수도 있고, 과거에 원치 않았던 사람일 수도 있을 겁니다. 하지만 지금 여기에서는… 다른 선택권이 없습니다.

케이티 여기 앉아 있으면서 그 모든 걸 다 할 수 있다는 게 재미있지 않나요? 이 떠받치는 것 안에서. 그 모든 걸 직접 살아 보지 않아도 된다는 게 놀랍지 않나요? 당신은 그냥 여기에 앉아서 상상하기만 하면 됩니다. 그게 훨씬 더 친절합니다. 당신은 이걸 해 보고, 저걸 해 보고, 노력도 해 보고, 실패도 합니다. 당신이 지금 가지고 있는 것―아무것도 할 필요 없고 아무도 될 필요 없이 앉아 있을 때 떠받쳐 주는 것―을 가지고 있는 것이 더 친절하지 않나요?

내가 평범하다는 것을 정말로 이해하게 되었을 때, 그건 정말로 좋았습니다. 세상에, 얼마나 절묘한 균형인지! 만약 내가 아주 유명한 사람이 되고 싶어 한다면, 하나씩 주어지는 일을 차근차근 할 수 있을까요? 앉는 법을 배울 수 있을까요? 만약 내가 아주 유명하고 아주 대단하고 아주 특별한 사람이라면, 결국―나는 쉴 수 있을까요? 만약 내가 여기에서 그렇게 할 수 없다면, 어떻게 저기에서 그렇게 할 수 있을까요? 당신은 이 세상에서 위대한 일들을 하고 싶나요? 당신은 그런 일을 할 필요가 없습니다. 이것은 좋은 소식입니다. 그럴 필요가 없습니다. 그것은 다른 사람이 할 일입니다. 위대한 과학자들과 배우들, 의사들, 성자들이 할 일입니다. 당신은 그럴 필요가 없습니다. 그러지 않아도 됩니다. 그래서 우리는 여기에 앉아서 모든 일이 잘되고 있다는 것을 알 수 있습니다. 그들이 그렇게 하고 싶어 하는데 내가 왜 그 일을 떠맡아야 할까요? 나는 그럴 필요가 없고, 그냥 지금 여기에 있을 뿐입니다.

조나단 그건 동의하기 힘드네요. 마일즈 데이비스(Miles Davis; 미국의 재즈음악가)를 보세요. 내가 그와 동등하다고는 절대로 말할 수 없습니다. 그는 모든 면에서 나보다 낫습니다. 그는 훨씬 대단한 음악을 했어요. 훨씬 대단한 경험을 했습니다. 그러니 그는 나보다 훨씬 나은 사람입니다. 그의 음악을 들어 보면 어떻게 그걸 부인할 수 있겠어요? 어떻게 그렇지 않을 수 있겠어요? 그는 정말 너무나 탁월합니다.

케이티 당신이 그의 음악을 듣지 않으면 마일즈 데이비스가 누구인지 어떻게 알까요? 아무도 그의 음악을 듣지 않는다면 그의 음악이 무슨 소용이 있을까요? 누가 그를 위대하게 만드나요?

조나단 그는 무인도에 혼자 있어도 위대할 것 같은데요.

케이티 뒤바꿔 보세요.

조나단 나는 위대할 것이다. 예, 하지만 그건 아무도 그 무인도에 없기 때문이죠. (청중이 웃는다.)

케이티 만약 당신이 마일즈 데이비스인데 당신의 음악을 듣는 사람이 아무도 없다면, 당신은 얼마나 위대할까요? 만약 당신이 지금 같은 이야기를 믿고 있는데 아무도 당신의 음악을 듣지 않는다면, 당신은 얼마나 위대할까요? 여러분 중에는 바로 지금 그런 일이 일어나고 있다는 것을 알아차리는 분이 있을 겁니다.

조나단 상상하기 힘들군요. 잘 모르겠어요.

케이티 그럼 다시 한 번 살펴보죠. 만약 당신이 지금처럼 생각하고 믿는데 그런 당신이 마일즈 데이비스라면…

조나단 예, 그럼 아마 부족하다고 느낄 겁니다.

케이티 '아마'는 빼겠습니다.

조나단 예. 그런 식이군요. 얼마나 오만한지.

케이티 순전한 오만이죠.

조나단 와! 예, 그러면 마일즈 데이비스도 부족함을 느낄 거예요.

케이티 그가 얼마나 뛰어난 재능이 있고 재주가 있든 상관이 없어요. 그러면 그는 부족합니다. 그는 쉴 수 없고, 앉을 수 없고, 실제로 존재하는 것(의자)의 떠받침을 느낄 수도 없습니다.

조나단 예. 설령 내가 마일즈 데이비스라도 그런 식으로 생각하면 나 자신을 망칠 거예요. 맞습니다.

케이티 (긴 침묵 후) 내게 필요한 것은 오직 지금 이 의자에 편안하게 앉아 있는 것뿐입니다. 내 마음이 뭐라고 하는지는 중요하지 않습니다. 내 할 일은 그게 전부입니다. 내가 뭘 해야 할까요? 벌떡 일어나서 세상을 구해야 할까요? 아직은 아닙니다. 내 딸을 위해 딸에게 가 있어야 할까요? 나는 그렇게 생각하지 않습니다. 그건 지금 당장 내가 해야 할 일이 아닙니다. 그리고 그 일이 필요할 때는? 그때는 내가 여기 앉아 있는 것만큼 그 일을 잘할 수 있을까요? 예, 그렇습니다.

조나단 만약 그렇게 해야 하는데도 하지 않고 있다면요?

케이티 그렇게 생각한다면 당신은 혼란스러운 상태입니다. 당신은 고통을 받고 있습니다… 오직 거대한 에고만이 말할 수 있습니다. 당신이 지금 하고 있지 않은 일을 하고 있어야 한다고…. 그 일이 필요하면 그냥 그 방향으로 움직이세요. 그 일을 하세요. 그리고 만약 당신이 그 일을 끝마치지 못한다면, 그건 지금 끝마칠 필요가 없기 때문입니다. 그것은 우주를 엉망으로 만들려는 당신의 시도일 뿐이며, 우주는 그렇게 하지 않을 것입니다. 우주는 완벽함을 좋아합니다. 우주는 해야 할 일을 합니다. 우주는 필요한 일을 할 뿐입니다. 우주는 당신을 뱉어 내기도 합니다. 혹시 그걸 알아차렸나요?

조나단 예.

케이티 우주는 당신에게 그런 재능은 주지 않을 겁니다. 우주는 당신에게 그걸 위한 마음은 주지 않을 겁니다. 그걸 위한 몸은 주지 않을 겁니다. 그것은 당신의 할 일이 아니기 때문입니다. 그 사실과 한번 싸워 보세요. 당신이 할 일은 여기에 앉아 있는 겁니다. 일어설 때까지는…. 그 사실과 한번 싸워 보세요. 그리고 무슨 일이 일어나는지 한번 보세요.

조나단 그런데 왜 우주는 우리에게 뭔가를 할 수 있는 마음과 재능은 주면서도, 그 길을 추구하고 실제로 그렇게 할 수 있는 수단은 주지 않는 걸까요?

케이티 그것은 당신의 할 일이 아니기 때문입니다. 당신은 분명히 그렇게 하는 데 필요한 마음과 재능을 지니고 있지 않습니다. 그렇다면 그건 아직 때가 아니기 때문입니다. 우주는 그것을 허용하지 않을 겁니다.

내가 만약 뭔가를 잘한다면, 나는 그걸 세상에 주지 않습니다. 내 딸에게, 당신에게, 내 앞에 있는 사람에게 줍니다. 나는 그걸 받았기 때문입니다. 나에겐 그럴 수 있는 능력이 있습니다. 만약 이 세상에서 가장 소중한 것이 나에게 있다면, 그건 모든 사람을 위한 것이 아닙니다. 그것은 지금 내 앞에 있는 사람을 위한 것입니다. 그것은 먼저 나를 위한 것이고, 다음에는 당신을 위한 것입니다. 그렇습니다. 그게 필요한 전부입니다.

그것은 거대한 규모의 뭔가를 위한 게 아닙니다. 그저 당신 앞에 있는 사람을 위한 것입니다. 그것이 당신의 할 일입니다. 그런데 만약 그렇지 않다고 믿는다면, 당신은 현실 속에 있지 않은 마음—그냥 앉고, 알아차리고, 알아보고, 지탱되지 않으려는 마음—으로 자기를 괴롭히게 됩니다. 그리고 나는 이렇게 하는 것으로 충분합니다. 나는 나의 할 일을 압니다. 나의 할 일은 지금 여기에 편안하게 앉아 있는 것입니다. 나는 내 할 일을 하고 있습니다.

여기에 앉는 데는 두 가지 길이 있습니다. 하나는 자신을 괴롭히는 것이고, 다른 하나는 내 할 일을 받아들이는 것입니다. 만약 나는

"차를 마시고 싶어"(그녀 옆의 탁자에는 찻잔이 놓여 있다.)라고 생각하는데 그럴 수 없다면, 나는 생각하게 됩니다. "세상에, 나는 내 일을 하지 못하고 있어. 나는 실패자야. 나는 부족해. 나는 차 한 잔 마실 만큼도 안 되는구나. 여기에 실패자로 앉아 있는 건 괴로워." 손만 뻗어서 잔을 들면 되지만 마음은 말합니다. "안 돼! 이건 지옥이야!"

이 은유를 살펴봅시다. "차 한 잔 마시고 싶은데 나는 그렇게 안 하고 있어." 나는 대체 내가 누구라고 생각하는 걸까요? 그것은 움직이기 전에는 움직이지 않습니다. 그 뒤 나는 "나는 대체 내가 누구라고 생각하는 거야?"라는 질문에 대답할 것입니다. 그리고 나는 현실을 알아차립니다―여기에 앉아 있는 여자, 차 없이. 내가 그걸 사랑할 수 있을까요?

여기에 앉아 있는 데는 두 가지 길이 있습니다―고통을 받는 길, 혹은 그렇지 않은 길. 그 뒤 손을 뻗어 찻잔을 쥐고 차를 따르다가 엎지르면, "맙소사! 삶은 힘들어. 나는 또 실패했어"라고 생각합니다. 하지만 어떻게 달리 차를 엎지를 수 있을까요? 나는 그렇게 차를 엎지를 필요가 있었습니다. 차를 엎지르면, 그때 나는 성공한 사람입니다. 차를 엎지르지 않으면, 그때도 나는 성공한 사람입니다. 나는 내 할 일을 하고 있습니다.

기분 좋은 일이 또 하나 있는데, 그건 알려지지 않은 비밀로 사는 것입니다. 어느 누구도 내가 얼마나 성공한 사람인지 알 필요가 없습니다. 그들은 알 필요가 없습니다. 그것은 금상첨화입니다.

조나단 그건 왜 일반적인 통념과 그렇게 많이 다른 건가요? 당신이 이 얘기를 하는 동안 나는 반박하려는 마음을 많이 자제해야 했습니다. 이해는 하지만… 아니, 정말 이해가 안 됩니다. 정말로요.

케이티 예, 그것은 당신 눈앞의 진실입니다. 그걸 받아들일 필요는 없습니다.

조나단 다른 사람들을 보면 그들도 나와 아주 비슷해 보입니다. 그것은 우리가 행동하는 방식은 아닙니다.

케이티 당신은 계속 다른 사람들을 끌어들이는군요. 그러면 기분이 좀 나아지나요?

조나단 그렇긴 합니다. 그러면 나만 유별나게 문제가 있다고 느껴지지는 않으니까요.

케이티 만약 그렇게 믿는 사람이 세상에서 당신 혼자뿐이라면 어떨까요? 우리 모두는 행복하게 살아가는데, 당신 혼자만 세상에서 불행한 사람입니다. 그리고 당신은 자기의 믿음들에 집착하고 있는데, 사람들이 웃으면서 말합니다. "어떻게 그런 걸 믿을 수 있죠?"

조나단 그렇게 느껴질 때가 아주 많습니다. 그게 큰 부분을 차지하는 것 같아요. 내가 어떤 것을 놓치고 있다는 느낌요.

케이티 아, 당신은 필요한 모든 것을 얻고 있습니다. 알아차리지 못하고 있을 뿐이에요. 생각을 믿을 때는 알아차릴 수가 없습니다. 눈이 멀기 때문입니다. 당신의 마음은 자기의 믿음이 사실이라는 것을 증명하느라 바쁘기 때문입니다.

조나단 어떻게 하면 그걸 멈출 수 있죠?

케이티 생각을 종이에 적고, 그 생각과 함께 앉으세요. 질문을 하고 뒤바꾸세요.

조나단 그게 어떤 문제들에는 효과가 있는데, 이 문제에 관해서는 그렇지 않아요.

케이티 나라면 효과가 있었던 것에 관해 생각 작업을 하겠어요. 그런 식입니다. 억지로 생각 작업을 하면 효과가 없을 겁니다. 내 대답들은 동기에서 나오니까요.

조나단 예, 그건 이해가 됩니다.

케이티 그러니 마음이 탐구하려는 것에 관해 생각 작업을 하세요. 그리고 마음이 그럴 수 있는 곳에서 스스로 해체되는 것을 지켜보세요. 마음이 탐구할 수 있는 것에 관해 생각 작업을 하는 것, 그것은 친절한 사람의 삶과 같습니다. 그럴 때마다 마음은 열리기 시작하며, 머지않아 시멘트처럼 단단했던 것들이 앞서 당신이 그랬던 것처럼 풀어지게 됩니다. 마음은 자기의 이야기가 없어도 위험하지 않고 안전하다는 것을 서서히 신뢰하게 됩니다.

조나단 알겠습니다. 그런데 뭔가 핵심적이고 근본적인 것이 있어서 이게 폭발하면 다른 것들은 다 제자리를 찾을 것 같다는 느낌이 듭니다.

케이티 오, 마음은 그런 이야기를 아주 좋아합니다. "생각 작업 안

할래. 지름길을 찾아볼 거야. 핵심적인 믿음을 발견하면 한 번에 다 날려 버릴 수 있을 거야."

조나단 맞습니다.

케이티 "나는 아직도 그 하나의 핵심 믿음을 기다리고 있는데, 이제 나는 여든 살입니다. 이제 아흔 살입니다." (청중이 웃는다.) "이제 나는 죽었습니다."

조나단 알겠습니다. 좋아요. 쉬운 것들은 할 수 있을 거예요.

케이티 예. 나도 거기에서 시작했고, 그런 것들은 할 수 있었어요. 그런데 진실은, 어려운 문제들도 할 수 있었다는 거예요. 나는 급했거든요. 스트레스를 주는 생각이 떠오르면, 그게 바로 작업할 대상이었습니다. 그리고 언제라도 그럴 수 있다는 것을 알게 되었습니다.

하지만 나는 작업할 생각들을 가리거나 고르지 않았습니다. 생각이 떠오르면 스트레스가 (생각 작업을 할 기회라는 것을) 알려 주었고, 나는 그저 생각 작업을 했습니다. 그 뒤 삶이 내게 왔을 때, 그것은 경이로웠습니다. 나의 자유가 있던 곳은 내가 생각 작업을 한 것과는 아무 상관이 없었습니다.

조나단 예… 알겠습니다.

케이티 당신과 함께 앉아 있으니 참 좋군요, 스윗하트.

조나단 만약 끈질기게 계속되는 믿음, 그 때문에 어디로도 가지 못하는 믿음과 마주치면…

케이티 나라면 그 믿음에 관해 질문을 할 거예요. 내가 질문하지 못할 것은 아무것도 없습니다. "나는 어디로도 가지 못할 것이다"—내가 그것을 어떻게 알까요? 나는 그저 내가 믿는 생각에 질문을 하고 뒤바꾸기를 합니다. 그 후에 어떤 일이 일어날지는 전혀 알지 못합니다.

조나단 알겠습니다… 다시 같은 이야기네요. 어디로 간다는 개념을 세운 것은 바로 나로군요.

케이티 무엇이 중요한지도요.

조나단 …그리고 결코 오지 않을 미래를 위해 수많은 계획을 세우는 것도.

케이티 그것은 오거나 오지 않을 겁니다. 누가 알겠어요?

조나단 그래서 만약 계속 힘들게 하는 생각이 떠오르면…

케이티 당신이 어떻게 그 생각에서 놓여날 수 있을지 모르겠군요. 왜냐하면 당신의 동기는 그 동기의 밑에 있는 것이 떠오르도록 허용하지 않을 테니까요. 어떤 동기를 가지고 질문하면, 당신은 그만큼만 표면 밑에 있게 됩니다. 다른 어떤 것이 떠오르면, 다른 어떤 대답이 질문과 만나기 위해 떠오르면, 그 대답은 당신의 동기에 부합하지 않을 테니까요. 그러니 애초에 왜 질문을 하나요? 그것은 돈을 벌거나 살을 빼거나 암을 치료하거나 다른 무엇을 위해 생각 작업을 이용하는 것과 같습니다. 그러면 모든 대답은 당신의 의도에서 나올 것입니다.

조나단 예, 맞습니다. 사실 내가 한 생각 작업은 대부분 불신의 자리, 정직하지 않은 자리에서 시작합니다. 진실을 찾는 게 아니라, 내가 원하는 답을 찾는 겁니다. 정직한 것보다는 어떤 것이든 내가 원하는 것이 더 낫다고 보는 거죠.

케이티 사람들은 자기계발 워크숍이나 긍정적인 생각 기법을 많이 해 보지만, 결국은 가망이 없습니다. 원하는 것을 얻을 때도 당신은 똑같은 마음으로 여기에 있을 테니까요. 그러면 마일즈 데이비스라도 형편없이 부족한 사람이 됩니다. 반 고흐는 자신의 귀를 잘랐죠.

조나단 예.

케이티 어린아이처럼 시작해 보세요. 그냥 어린아이가 되세요. 진실을 사랑하는 마음으로 내면으로 들어가 보세요. 우리를 자유롭게 하는 것은 진실이라는 걸 나는 알게 되었습니다. 아주 작은 진실들이 그렇게 합니다. 그리고 대수롭지 않은 개념에 대해 제대로 질문을 해 보면, 그 힘에 깜짝 놀랄 겁니다. 당신은, 당신의 에고는 그 대답에 위협을 받지 않으니까요.

조나단 예. 그리고 이 믿음 때문에 내가 어디로도 가지 못한다고 말했지만, 그건 사실이 아닙니다. 내가 원하는 곳으로 가지 못한다는 말이었죠. 생각 작업은 내가 되어야 한다고 생각한 사람으로 나를 바꿔 놓지 않았어요. 그래서 생각 작업이 효과 없다고 생각했죠.

케이티 예. 그래서 나는 생각 작업을 좋아합니다. 생각 작업은 당신이 되고 싶은 사람으로 당신을 바꾸어 놓을 겁니다. 문제는, 당신이 어떤 사람이 되고 싶은지를 몰랐다는 거예요. 그래서 당신은 그렇게 되지만, 그걸 계획할 수는 없습니다. 그게 뭔지 모르니까요. 당신이 알지 못하는 것을 위해 어떻게 계획할 수 있겠어요? 나는 지금 이대로의 나를 사랑합니다. 나는 내가 이럴 것이라고는 한 번도 생각하지 못했어요.

조나단 그렇군요. 어떤 작은 실수 같은 느낌이 왜 그렇게 두려운 건지 설명해 주실 수 있나요? 모른다는 게 왜 그렇게 두려운 건가요?

케이티 그러죠. 당신이 원하는 게 뭔가요?

조나단 구체적으로 얘기해 달라는 말인가요?

케이티 예. 무엇을 원하나요? 성공을 원하나요? 나는 성공이 무엇인지 알지만, 당신은 성공이 무엇인지 아직 깨닫지 못하고 있습니다. 그걸 안다면 당신은 자신을 사랑할 겁니다. 정말로 사랑할 거예요! 하지만 당신은 뭔가 다른 걸 원한다고 생각하고, 그 무언가가 자기사랑을 가져다줄 것이라고 생각합니다. 당신과 그것 사이에는 아무것도 없습니다. 상상 말고는. 그리고 당신이 원하는 모든 것을 이미 가지고 있다는 사실을 깨닫지 못하게 가로막는 것은 바로 그 상상입니다.

자, 당신이 원하는 것이 무엇인가요? 당신이 원한다고 생각하는 것을 가져다줄 거라고 생각하는 것이 무엇인가요? 당신은 그게 평화를 가져다줄 거라고 생각합니다. 그것은 항상 평화로 돌아가는

데, 당신이 평화로 가는 길에 수많은 장애물을 놓아두어 힘든 여행이 되어 버렸습니다. 그것은 불가능한 여행입니다. 당신이 성공을 원하는 이유는 성공하면 평화로울 거라고 생각하기 때문이라는 데 동의하나요?

조나단 예, 맞습니다. 바로 그겁니다.

케이티 의자에 앉아서 당신을 온통 떠받치고 있는 것을 경험할 때, 당신이 여기에서 얻으려는 것을 얻으세요. 당신이 이미 가지고 있는 것을 얻기 위해 몸이 거창한 여행을 하지 않고도…. 그리고 만약 평화를 찾고 있다면―당신은 그렇다고 말했는데―자신의 내면에서 평화를 찾으세요.

이 질문들은 대답들이 떠오르게 하는 초대입니다. 대답은 조용하고 분명하며, 당신이 그걸 받아들여야 한다고 말하지 않습니다. 그냥 대답이 살도록 허용하기만 하세요. 그런 대답들, 그런 진실들이 당신 안에서 살도록 허용하세요. 나중에는 버려도 됩니다. 그러니 그저 허용해 보세요. 그리고 모든 힘든 노력들은 건너뛰고, 당신이 앉아 있는 자리에서 생각 작업을 통해 발견해 보세요. 생각 작업은 명상입니다. 그것은 빠른 길입니다. 그 뒤 당신은 삶이 얼마나 단순해지는지를 알아차리게 됩니다. 당신은 그것이 생각 작업 덕분이라고 할 수도 없습니다. 삶이 바뀌고 있다는 것을 알 뿐입니다.

세상 속에서가 아니라 지금 여기에서 평화를 찾으세요. 그 뒤 세상을 즐기세요. 장애를 만나면, 그때 일어나고 있는 일에 관한 생각들에 그저 질문하세요. 아무것도 기대하지 마세요.

조나단 태어나서 처음으로 조금 알게 된 것 같아요. 나를 괴롭히던 생각들이… 실은 괜찮다는 것을요. 내가 얻은 것은 이것입니다. 왜냐하면 여기에 앉아서 당신과 얘기하는 동안에도 어떻게든 생각들과 싸워 물리쳐야 한다는 느낌이 있었거든요. 하지만 그렇지 않네요. 그게 아니네요.

케이티 (크게 뽀뽀하는 소리를 낸다.) 으으으으으음와!

조나단 그러니까 그건 잘못이 아닌 거예요. 이런 생각을 하고 있는 건 잘못된 게 아닌 거예요.

케이티 오, 허니! (조나단이 웃는다.) 생각들은 친구입니다. 적이 아니에요. 나는 두 팔을 활짝 벌리고 현관에서 생각들을 맞이할 거예요. 나는 그렇게 합니다. 그렇게 하기 전에는 그들은 계속 문을 두드립니다. 그러는 게 당연합니다. 그들은 내 가슴을 여는 열쇠입니다. 왜 내가 그들에게 문을 닫겠어요?

조나단 예… 예, 알겠어요. 고마워요, 케이티.

케이티 고맙습니다.

남편의 외도를
견딜 수 없어요

왜냐하면 우리가 이 세상을 물질세계로 볼 때는
이 세상을 이해할 수가 없기 때문입니다. 하지만 마음을 탐구하기
시작하면 모든 것이 이해되기 시작합니다. 그래서 우리는 세상에 대한
우리의 생각을 탐구하고, 그럴 때 세상은 우리 안에 있게 됩니다.

"도저히 못 견디겠어!"라고 당신은 생각합니다. 자신의 감정을 들여다보고 자신이 정말 견딜 수 없는 게 무엇인지 찾아보세요.

케이티 어서 오세요. 이 자리에 나와 주셔서 고맙습니다.

샌드라 그냥 읽으면 되나요? 아니면 상황을 좀 설명해 드릴까요?

케이티 음… 그냥 읽어 주세요.

샌드라 (눈물을 참으려 하며) 나는 조지가 린다와 사랑에 빠져 거의 매일 섹스를 한다는 사실을 견딜 수 없다.

케이티 조지가 남편인가요?

샌드라 예.

케이티 "나는 견딜 수 없다"—그게 진실인가요?

샌드라 예, 진실이에요. 견딜 수가 없어요. 음… 거의 견딜 수가 없습니다. (침묵) 그런데 사실은 견뎌 왔네요.

케이티 좋은 여행이었네요. (청중이 웃는다.) 가끔 당신은 이런 여행을 합니다. 그게 진실이죠. 그래서 처음에는 '예'라고 대답했지만, 그 생각을 잠시 살펴보자 그 말이 전혀 진실하지 않다는 걸 알게 되었죠. 당신은 견딜 수 있나요?

샌드라 견딜 수 있어요… 예. 지금까지 견뎌 왔습니다.

케이티 "나는 남편이 린다와 거의 매일 섹스를 한다는 사실을 견딜 수 없다"는 생각을 믿을 때, 당신은 어떻게 반응하나요?

샌드라 어떤 기분을 느끼느냐면… 뒤로 넘어지면서 땅바닥에 떨어지는 그림이 떠올라요. 그러니까 어떤 기분이냐면… 지금은 뭐라 말하기가 힘드네요.

케이티 알 것 같네요, 그림 설명을 들어 보면. "나는 견딜 수 없다"라는 생각을 믿는데 그들이, 혹은 둘 중 한 명이 방으로 들어올 때, 당신은 남편과 린다를 어떻게 대하나요?

샌드라 그들이 존재하지 않기를 원합니다. 없어져 버리길 원해요. 사라져 버렸으면 좋겠어요.

케이티 그들에게 그 마음을 알려 주기 위해 어떻게 하나요?

샌드라 음, 그들에 대한 내 감정을 숨기거나…

케이티 구체적으로 그들을 어떻게 대하나요?

샌드라 음…

케이티 그럴 때 얼굴 표정은 어떻게 하나요? 목소리는 어떻게 하나요? 그 생각을 믿을 때 당신은 그들을 어떻게 대하나요?

샌드라 말을 많이 하지 않아요. 음, 그들을 지금보다 더 친절하게 대해야 한다고는 말하고 싶지 않아요.

케이티 예, 나도 그러기를 바라지 않아요. 당신이 그렇게 하지 않으니까요.

샌드라 예.

케이티 그래서 어떤 표정을 하나요? 얼굴에 어떤 표정을 짓나요?

샌드라 무감각한 얼굴입니다. 웃지도 않고, 또… 기분이 좋지 않아요. 그들이 느끼는 감정 따위는 별 관심이 없어요.

케이티 그럼 "나는 견딜 수 없다"라는 이야기를 내려놓을 이유가 보이나요?

샌드라 예.

케이티 이 이야기를 붙들고 있을, 평화로운 이유를 찾아보세요.

샌드라 없어요, 단 하나도.

케이티 "나는 견딜 수 없어"라는 생각을 믿을 때, 당신은 어떻게 반응하나요? 느껴 보세요. 어깨가 축 처질 수도 있고, 고개가 숙여지거나 피로감을 느낄 수도 있습니다. 그리고 이제 자신이 견디지 못하는 사람이라는 걸 사람들에게 증명하기 위해, 심지어 식료품 가게에서도, 그렇게 살아가야 합니다. 이것이 당신의 정체성입니다. "나는 견딜 수 없어. 나는 견딜 수 없는 사람이야."
"나는 견딜 수 없어"라는 이 거짓말이 없다면, 당신은 누구일까요?

샌드라 나 자신이 훨씬 좋게 느껴질 것 같아요. 사실은 내가 견뎠으니까요.

케이티 정말 그렇습니다.

샌드라 내가 견뎠다는 걸 알게 되니까 나 자신이 기분 좋게 느껴지네요.

케이티 그런데 당신이 견딜 수 없다고 믿을 때는 그 믿음에 따라 살 수밖에 없습니다.

샌드라 맞아요.

케이티 그동안 견딜 수 없다고 믿은 까닭은 그 생각을 탐구해 보지 않았기 때문입니다. 당신은 마음이 어떻게 작용하는지를 깨닫지 못했습니다. 그러면 "나는 견딜 수 없어"라고 믿으며 살아야 합니다. 남편이 방에 들어와서 "오늘 기분이 어때요?"라고 물으면 당신은 (우울한 목소리로) "아, 여보, 괜찮아요"라고 합니다.

"정말 괜찮아요?"

당신은 어떤 정체성으로 살아가나요? 남편은 당신을 '견디지 못하는 사람'이라고 믿을 수밖에 없습니다. 당신이 그렇게 믿거나, 그렇게 믿는 척하고 있으니까요. 당신은 그렇게 믿는다고 믿는 척합니다. 우리가 그걸 알 수 있는 이유는, 이제 당신은 견딜 수 있다는 것이 진실이라고 말하기 때문입니다.

그래서 남편은 "정말 괜찮아요?"라고 묻고, 당신은 "그래요, 여보. 괜찮아요"라고 말합니다. 그리고 당신은 그가 냉정하다고 말합니다. 그가 신통력으로 당신의 마음을 읽어서 사실은 당신이 괜찮지 않다는 걸 알아차려야 하는데 그렇지 못하니까요. "대체 그이는 왜 내가 견딜 수 없다는 걸 보지 못하는 거야?"

이것은 당신의 정체성이지만, 당신은 그걸 보지 못합니다. 당신은 "도대체 나에게 뭐가 문제지?"라고 생각합니다. 문제는 당신이 질문해 보지 않았다는 겁니다. 그 순간 집착하고 있던 생각을 알아차리지 못하고 있었어요.

"나는 견딜 수 없다"—뒤바꿔 보세요.

샌드라 나는 견딜 수 있다.

케이티 당신은 견디고 있습니다. 견디기 힘든 건 거짓말에 대한 집착입니다. 남편도, 린다도, 그들의 섹스도 아닌, 바로 이 거짓말. 사실 그들은 지금 이 순간에도 섹스를 하고 있을지 모르지만, 당신은 아무 영향도 받지 않고 있습니다.

샌드라 그러네요.

케이티 그래서 만약 그들이 지금 섹스를 하고 있다고 누가 내게 말한다면, 뭐가 달라질까요? 나는 이전에도 괜찮았고, 지금도 괜찮습니다. 하지만 내가 만약 "나는 견딜 수 없어"라는 생각에 집착한다면, 그렇게 살 수밖에 없습니다. 그러면 "아, 안 돼! 맙소사, 그들이 섹스를 하고 있어!"라고 말하게 됩니다. "와! 난 못 견딜 거라고 생각했는데, 견디고 있네!"라고 하는 대신에….

샌드라 지난 몇 달 동안 이 일을 겪으면서, 내가 감정 연기 같은 걸 한다고 느꼈어요. 내가 지금처럼 진실의 자리에 있을 수 있다면,

맞서 싸울 건 하나도 없겠죠. 그러니까 나는 이런 연기와 싸우고 있는 건데, 이 연기들은 아무 도움이 되지 않았어요. 그걸 배웠죠.

케이티 예, 그것이 깨달음입니다. 나는 그들이 문제라고 생각했지만 사실은 그렇지 않다는 걸 깨달았습니다. 문제는 자기 자신에 관해 모르고 있던 내 마음이었습니다.

그래서 지금 우리는 마음을 이용하여 마음을 깨달아 가고 있습니다. 그밖에 다른 건 없기 때문입니다. 우리가 지금 여기서 내딛고 있는 걸음은 갓난아기의 걸음마일 뿐이지만, 동시에 거대한 발걸음입니다. 우리 고통의 원인은 우리의 마음이라는 것을 깨달을 때, 생각 작업이 시작되고, 즐거움이 시작됩니다. 그것은 완전히 다른 극점, 완전히 다른 세계에서 사는 것입니다. 그러면 우리는 세상이 우리를 고통스럽게 한다는 것을, 고통스럽게 할 수 있다는 것을 더 이상 믿지 않습니다. 세상은 우리를 고통스럽게 할 수 없습니다. 그런 적도 없고, 그럴 수도 없습니다.

이제 "나는 견딜 수 있다"라는 뒤바꾸기가 어떻게 원래 문장만큼 진실하거나 더 진실할 수 있는지 세 가지 예를 찾아보세요.

샌드라 나는 견딜 수 있다. 이게 훨씬 진실에 가깝습니다. 지금까지 나는 견뎌 왔으니까요. "나는 견딜 수 없어"는 완전히 거짓말입니다.

케이티 첫 번째 예군요.

샌드라 나는 지금까지 남편 곁에 있었어요. 남편을 떠나지 않았죠.

어쨌거나 아직은요. 그러니까 나는 견딜 수 있어요.

케이티 두 번째 예네요.

샌드라 그리고 남편이 하는 짓은 밉지만, 아직도 그를 사랑해요. 정말로 견딜 수 없었다면 뭔가 다른 행동을 취했을 거예요. 아니면 지금쯤 정신병원에 있었겠죠.

케이티 그 단순한 진실을 자신에게 알려 줘서 고마워요. 다음 문장을 봅시다.

샌드라 남편이 그 어느 때보다 지금이 더 행복하다고 말할 때 나는 마음이 아프다.

케이티 스윗하트, 뒤바꿔 보세요.

샌드라 내가 그 어느 때보다… (웃음을 터뜨린다.)

케이티 알아차렸나요?

샌드라 사실 이게 맞아요. (청중이 웃는다.)

케이티 예, 우리는 잃는 걸 싫어합니다. 하지만 견딜 수 없는 사람이라는 정체성을 잃으면, 사실은 늘 행복했던 존재라는 것을 알게 됩니다. 그것이 남게 됩니다.

뒤바꾸기대로 문장을 읽어 보세요.

샌드라 내가 그 어느 때보다 지금이 더 행복하다고 말할 때 나는 마음이 아프다.

케이티 여기에 관해 얘기해 보세요.

샌드라 한 번 더 읽어 볼게요. 내가 그 어느 때보다 지금이 더 행복하다고 말할 때 나는 마음이 아프다. 조금 헷갈리네요.

케이티 처음에는 어떻게 이해했나요?

샌드라 그 어느 때보다 행복한 건 맞아요. 하지만 그래서 마음이 아프지는 않거든요.

케이티 맞아요. 그거예요.

샌드라 나는 더 행복해요.

케이티 음, 우리는 뭔가를 잃게 되면 마음이 아픕니다. 당신이 그 어느 때보다 지금이 더 행복하다는 진실을 알게 되면, '나는 견딜 수 없어!'라는 정체성을 잃게 됩니다. 당신의 고통도 잃게 됩니다. 그런데 자신이 그 어느 때보다 행복하다는 걸 인정하려 하면 마음이 아픕니다.

샌드라 나라고 생각했던 나와 비교할 때, 그리고 내가 필요하다고 생각했던 것… 그것을 잃는 것… 동시에 어느 때보다 나 자신에 대해 충만함을 느끼게 되네요. 정말 그래요. 둘 다입니다. 둘 다예요.

케이티 예, 당신은 그 어느 때보다 행복할 거예요. 자신에게 진실하지 않은 이야기에 집착하기 전까지는.

샌드라 그럼… 나는 왜 그 이야기에 그렇게 집착하려 하는 걸까요?

케이티 자신이 거기에 집착하고 있다는 걸 모르니까요! 당신은 자신에게 물어보지 않았습니다. 어머니가 "이건 나무야"라고 하자, 당신도 "나무"라고 했습니다. 어머니가 "저건 하늘이야"라고 하자, 당신은 "하늘… 나도 그렇게 부를래"라고 했습니다. 어머니가 당신의 이름을 알려 주었을 때, 당신은 "예"라고 했습니다. 그러고는 한 번도 의문을 품어 보지 않았습니다.

샌드라 그럼 집착, 강한 집착이 고통인가요?

케이티 무지(無知)죠. 나는 그걸 무지라고 부릅니다. 어머니가 나에게 "저건 나무야"라고 말할 때 내가 스스로 자문해 보지 않으면, 나는 이 세상에 나의 무지를 가르치게 됩니다. "저건 나무야." 나도 스스로 자문해 보지 않았습니다. 만약 자문해 봤다면 그것의 진실에 눈을 떴을 거예요. 그것이 무엇이든지요. 그러니 무지가 유일한 고통입니다. 나는 그것을 혼란이라고 부릅니다.

그리고 생각 작업은 교육입니다. 이 질문들이 당신을 우리의 진실이 아닌, 당신의 진실로 데려가기 때문입니다. 당신이 자신의 지혜입니다. 내가 이 생각 작업을 좋아하는 이유는 모든 사람의 지문이 그 위에 있기 때문입니다. 스윗하트, 남편이 행복하기를 바라나요?

샌드라 음… 예… 음… (청중이 웃는다.) 이게 고민되는 건 내 마음의 일부는… 양식에 쓰려고까지 했어요… 남편이 자유롭기를 원한다고…

케이티 아까 읽은 대로 한 번 더 읽어 보세요.

샌드라 예. 남편이 그 어느 때보다 지금이 더 행복하다고 말할 때 나는 마음이 아프다.

케이티 남편이 행복하기를 원하나요?

샌드라 그이가 지금 행복해하는 게 느껴져요….

케이티 좋은 방법이 있습니다. 눈을 감아 보세요. 이제 남편을 떠올려 보세요. 린다와 섹스를 하는 남편의 얼굴을 떠올려 보세요.

샌드라 아… 예.

케이티 그냥 그의 얼굴을 떠올려 보세요.

샌드라 예…

케이티 좋아요. 이제 당신의 이야기 없이 잠시 남편을 보세요. 뭐가 보이나요?

샌드라 남편이 행복한 게 보이네요.

케이티 그게 당신이 원하는 건가요?

샌드라 예. 남편이 행복하니 나도 기뻐요.

케이티 그래요. 이건 마치 "당신이 행복하길 원해. 하지만 행복하게 해 줄 사람이 나일 때만"이라고 하는 것과 같습니다.

샌드라 맞아요.

케이티 문제는, '당신은 그가 행복하기를 바라는가?'입니다. 그것이 사랑입니다. 그걸 발견하기 전까지는 행복이 없습니다. 진실을 부정하고 있기 때문입니다. 진실은, 그가 행복하기만 하다면 누가 그를 행복하게 해 주는지는 상관없다는 것입니다.

거기에 관해 우리가 할 수 있는 일은 아무것도 없습니다. 그렇지 않다고 말하는 생각들에 집착하는 것 말고는…. 우리는 이 생각들을 '증거'라고 부릅니다. 그런데 종이에 적어 보면 그 증거들은 다

허물어집니다.

남편을 행복하게 해 주는 사람이 당신이든 그녀든, 당신은 정말 신경 쓰나요?

샌드라 신경이 쓰입니다. 신경이 쓰여요. 그게 내 문제입니다. 나의 일부는 그렇게 보지 않지만, 나의 다른 일부는 여전히 다르게 봅니다.

케이티 예, 그럼 당신은 그의 행복에 조건을 걸고 있다는 걸 알게 됩니다. "나는 남편이 행복하길 원해. 하지만 나만이 그렇게 해 줘야 해."

샌드라 예.

케이티 그러니까 진실은 "나는 남편이 행복하길 원치 않아. 그렇게 해 줄 사람이 내가 아니라면, 나는 남편이 비참하길 원해"로군요. 그럼 당신은 남편의 행복을 원하지 않는군요.

샌드라 그게 좀 더 진실에 가깝습니다.

케이티 그건 사랑이 아닙니다. 그럼 남편이 그녀와 함께 있는 것이 아주 잘된 일이군요. 당신은 어차피 남편을 사랑하지도 않으니까요. (청중이 웃는다.) 그는 그걸 알고 있고, 이제 당신도 그걸 알게 되었네요.

잠시 가만히 있어 보세요. 당신은 남편이 함께 있어도 행복하지 않은 사람과 살기를 원하나요?

샌드라 음, 나의 일부는 그렇다는 걸 인정해야겠네요.

케이티 이 모든 이야기를 남편에게 들려주면 아주 재미있겠어요. 어쩌면 남편이 매력을 느낄지도 모르겠네요. (청중이 또 웃는다.)

샌드라 그이에게 어떤 말을…

케이티 "나는 당신을 사랑하지 않아요. 당신의 행복에도 관심이 없고, 당신이 싫든 좋든 나와 함께 살기를 원해요."

샌드라 남편이 그런 얘기를 지금까지 계속 했던 것 같아요. 그러니까 내 생각엔, 예…

케이티 당신만 몰랐던 거예요. 그 문장을 다시 읽어 보세요.

샌드라 남편이 그 어느 때보다 지금이 더 행복하다고 말할 때 나는 마음이 아프다. 음, 나만이 남편을 행복하게 해 주고 싶고, 나 아닌 다른 여자와는 그이가 행복하지 않기를 원해요. 여전히 그런 느낌이 들어요. 그게 진실이에요.

케이티 그걸… 깨달았군요. 그러니 남편이 "당신 날 사랑해요?"라고 물으면, 당신은 "아뇨, 난 당신에게 별로 관심이 없다는 걸 알았어요… 그러면서 여전히 당신과 살고 싶어 한다는 것도요. 그리고 당신이 그 때문에 행복하든 불행하든 난 신경 쓰지 않아요. 지금의 나는 그래요"라고 대답할 수 있습니다. 정직하고 솔직한 배우자인 거죠. 그리고 그 진실을 통해 당신은 남편이 왜 그녀와 함께 잠을 자는지 이해할 수 있습니다.

샌드라 그녀와 함께 잠자는 부분은 아직 잘 모르겠어요. 하지만 지금 내게 뭐가 진실인지는 알겠어요. 내가 말한 대로예요.

케이티 좋아요. 좋은 생각 작업입니다. 다음 문장을 봅시다.

샌드라 나는 남편이 이 경험이 나에게 필요하다고 말하는 것이 싫다. 나의 영적 성장을 위해서도 좋다고 말하는 것이 싫다.

케이티 뒤바꿔 보세요. "나는 내가…"

샌드라 나는 내가…

케이티 "…나랑 사는 게…"

샌드라 나는 내가 나랑 사는 게…

케이티 "…남편에게 최선의 경험이라고…"

샌드라 …남편에게 최선의 경험이라고 말하는 것이 싫다. 헷갈리네요.

케이티 "…그의 영적인 성장을 위해서 최선이라고…"

샌드라 …그의 영적인 성장을 위해서 최선이라고 말하는 것이 싫다. 하지만 남편한테 그게 최선이라고 말하고 싶어요. (청중이 웃는다.)

케이티 남편도 그렇답니다! (청중이 더 크게 웃는다.)

샌드라 나랑 사는 게 남편의 영적 성장을 위해 최선이라고 말하고 싶어요.

케이티 당신이 남편의 영적 성장을 위해 무엇이 최선인지 말하고 싶어 하듯이, 남편도 당신의 영적 성장을 위해 무엇이 최선인지 말하고 싶어 합니다.

샌드라 아, 맞아요.

케이티 두 분 다 그러는 걸 좋아하는군요.

샌드라 (웃으며) 예! 예… 그래요.

케이티 다음 문장을 봅시다.

샌드라 나는 남편이 나보다 린다와 더 깊은 성적 만족감을 느끼는 게 싫다.

케이티 그게 진실인가요?

샌드라 이 답을 찾으려면 시간이 좀 걸릴 것 같아요.

케이티 괜찮아요, 스윗하트. 그렇게 깊이… 우리가 만나든 못 만나든 늘 우리를 기다리고 있는 진실까지 깊이 들어간 사람은 별로 없으니까요.

샌드라 (아주 긴 침묵 뒤) 내가 마음속에서 계속 비명을 지르네요. "당신 그러면 안 돼, 그러면 안 돼, 그러면 안 된다고!"

케이티 그런데 남편은 그렇게 하나요?

샌드라 그러는 것 같아요.

케이티 그 비명이 현실을 바꿀 수 있나요?

샌드라 아뇨, 아니에요. 하지만 이 비명이 없으면, 나는 너무 끔찍한 감정과 마주치게 돼요. 나는 그이를 바꿔야 해요… 경험하고 싶지 않은 감정을 느끼지 않으려면 삶을 바꿔야 해요. 그런 감정이 한번 시작되면, 그건 마치 깊은 블랙홀 같아요. 그래서 그런 감정들이 느껴지고 오랫동안 그 감정들과 함께했지만, 거기에 빠져 헤어나지 못하고 죽을까 봐 아직도 정말 두려워요.

케이티 "그곳으로 들어가면 절대로 헤어나지 못할 것이다"—당신은 그게 진실인지 확실히 알 수 있나요? 충분히 시간을 두고 답해 보세요.

(긴 침묵 뒤) 그곳으로 들어가면 절대로 헤어나지 못할지 당신은 확실히 알 수 있나요?

샌드라 아뇨.

케이티 그렇다고 믿을 때 당신은 어떻게 반응하나요?

샌드라 극심한 두려움… 그이에 대한 모든 강요와 속박, 그리고 거기에 빠져 헤어나지 못한 채 죽는 걸 피하려는 모든 부질없는 몸부림들.

케이티 예. "그곳으로 들어가면 절대로 헤어나지 못할 것이다"라는 이야기를 내려놓을 이유가 보이나요?

샌드라 예, 이유는 보여요. 하지만 빠져나올 수 있다는 걸 정말로 안다고는 말하지 못하겠어요.

케이티 그래도 괜찮아요.

샌드라 왜냐하면 거기에서 빠져나오는, 내가 아는 유일한 방법은 바람직하지 않은 것들에 의지하는 것이니까요. 그런데 그것들에 의지하고 싶지 않아요. 그래서 빠져나오는 법을 모르겠어요.

케이티 예.

샌드라 그곳에서 빠져나오는 법을 모르겠어요.

케이티 생각 작업은 어떤가요? (잠시 후) 그런데 나는 단지 "그곳으로 들어가면 절대로 헤어나지 못할 것이다"라는 이야기를 내려놓을 이유가 보이냐고 물었습니다.

샌드라 예, 이유가 보여요. 그 이야기 때문에 정말 힘들거든요.

케이티 그럼 이제 그 이야기를 믿을 이유 중에서 두려움이나 스트레스를 주지 않는 이유를 말해 보세요. 뭔가 타당하고 도움이 되는 이유를 말해 주세요.

샌드라 뭔가 도움이 되는…?

케이티 스트레스를 주지 않는 이유. 그 생각을 믿는 데 자학 외의 다른 이유가 있는지 보세요.

샌드라 (한참 후) 모르겠어요. 지금은 필요 없는 생각처럼 느껴지네요.

케이티 일부러 두려워지려 하고 비참해지려 하기 전까지는 그렇죠.

샌드라 그건 정말 제대로 들여다봐야 할 것 같아요.

케이티 그럼 좋죠. 자, 그 생각을 믿을 능력조차 없다면 당신은 누구일까요?

샌드라 내가 절대로 헤어나지 못할 거라는 생각 말인가요?

케이티 예. 그 생각이 없다면 당신은 누구일까요? 그곳으로 들어갈 때 그 생각을 믿을 능력조차 없다면, 당신은 누구일까요?

샌드라 글쎄요, 아마 그 어둠을 그냥 느낄 것 같아요. 심리적으로 무너져 내리지는 않을 것 같아요. 그곳이 어떤 곳인지 그냥 알아차리기만 할 것 같고요.

케이티 심지어 즐길지도 모르죠. 그곳에서 어쩌면 상상하지도 못했던 것들, 생각했던 것과는 정반대로 아름다운 것들을 발견하게 될지도 모릅니다. 그것은 사랑의 힘, 평화의 힘입니다. 두려움은 눈이 멀어 보지 못합니다. 자, "그곳으로 들어가면 절대로 헤어나지 못할 것이다"—뒤바꿔 보세요.

샌드라 그곳으로 들어가면 나는 헤어날 것이다.

케이티 진실일 수 있어요.

샌드라 그럴 수 있겠네요. 내겐 무척 낯선 곳입니다.

케이티 그곳은 거의 모든 사람에게 몹시 낯선 곳입니다. 탐구해 보지 않았으니까요. 나도 그곳에 가 본 적이 있는데, 그때는 내가 탐구 안에 머물렀기 때문에 탐구가 살아 있었습니다. 그 어두운 곳으로 들어갈 때 "나는 헤어나지 못할 거야"라는 생각이 떠오르면, 그 생각과 짝을 이루는 질문—"그게 진실인가?" 또는 "이 이야기가 없다면 나는 누구일까?"—이 그 생각과 만나게 됩니다. 그 질문은 어두운 곳이 존재한다고 믿게 만드는 모든 생각과 만납니다. 그러면 마음은 균형을 찾게 되고, 당신은 내가 마지막 판단이라고 부르는 것—의자에 앉아 있는 여자—으로 돌아옵니다. 이것은 남편의 미소를 보고는 익숙한 미소임을 알아차리는 것만큼이나 간단할 수도 있습니다.

샌드라 말씀, 정말 고마워요.

케이티 예. 당신의 역할이 고맙습니다. 나는 질문을 하고, 당신은 답을 합니다. 이것은 우리에게 우정을, 평등한 우정을 선사합니다.

친밀한 균형을.

샌드라 예.

케이티 자, 다음 문장을 봅시다.

샌드라 나는 남편이 삶의 한 방식으로 마약에 빠지는 걸 그만두길, 자기가 나보다 현명하다고 믿는 걸 그만두길 원한다.

케이티 "그는 자기가 더 현명하다고 믿는다"—당신은 그게 진실인지 정말로 알 수 있나요?

샌드라 예.

케이티 그가 그렇게 말하겠죠.

샌드라 그렇게 말해요.

케이티 그가 그렇다고 단언하겠죠.

샌드라 예.

케이티 "그는 자기가 더 현명하다고 믿는다"—당신은 그게 진실인지, 그가 정말 그렇게 믿는지 확실히 알 수 있나요?

샌드라 그이가 그렇게 말을 하긴 하지만, 그 사람이 마음속으로도 정말 그렇게 믿는지는 모르겠어요.

케이티 예. 만약 "내가 당신보다 더 현명해"라고 내가 말한다면, 나는 그렇다는 걸 강하게 주장해야 할 거예요. 속으로는 그걸 믿지 않기 때문이죠. 그래서 여기에서 전쟁이 일어납니다. 그리고 만약 당신이 나를 더 현명한 사람으로 여기지 않으면, 우리는 각자의 길을 갑니다.

어느 날, 나는 더이상 그 생각을 믿지 않는다는 걸 알게 되었습니다. 그건 겸손한 태도가 아니었고, 그냥 "나는 알 수 없어"였습니다. 그래서 나는 그런 경쟁을 그만두었습니다. "그는 자기가 더 현명하다고 믿는다"는 생각을 믿을 때, 당신은 어떻게 반응하나요?

샌드라 그이가 멍청하다고 생각합니다.

케이티 이 생각을 믿을 때, 그리고 속으로는 그가 멍청하다고 생각할 때, 당신은 그를 어떻게 대하나요?

샌드라 경멸합니다. 진짜 그래요.

케이티 그걸 그림으로 그려 보면 어떻게 보일까요?

샌드라 글쎄요. 남편에겐 어떻게 보일지 모르겠지만, 나는 가슴이 딱딱하게 굳어지고, 턱도 굳어지고, 전부 굳어집니다.

케이티 남편을 바라볼 때, 당신의 얼굴은 어떤 표정일까요?

샌드라 그 표정으로 한번 바라볼까요?

케이티 예. (샌드라가 비난으로 가득 찬 표정으로 케이티를 노려본다.) 예, 그걸 느껴 보세요. 좋습니다. 사랑하는 사람을 이런 식으로 대할 때는 기분이 어떤가요? 그를 경멸하면 내면에서는 어떤 느낌이 드나요?

샌드라 정말 솔직히 말하면, 내 마음속 어딘가에는 "그렇게 하면 원하는 걸 얻을 거야"라는 믿음이 있어요.

케이티 지금까지 그게 효과가 있었나요?

샌드라 아뇨.

케이티 길게 보면 효과가 있었나요?

샌드라 아뇨, 없었어요. 아무 효과도 없었어요.

케이티 그럼 그 이야기를 내려놓을 이유가 보이나요?

샌드라 되풀이되는 얘기인데, 그렇게 하면 내가 그동안 얻으려고 애써 왔던 걸 잃게 될 거라는 복잡한 감정이 듭니다. 여기에 관해서 얘기를 좀 해 줄 수 있나요? 그래서 나는 나도 괴롭히고 남편도 괴롭히는 이런 행동들을 계속하려 합니다. 이걸 붙들고 있지 않을 때 일어날 결과를 감당할 수 없으니까요.

케이티 그게 진실인가요?

샌드라 아! 잠깐만요… 모르겠어요… 그런 결과는 내가 바라는 방식이 아니에요. 나는 다른 결과를 원해요. 그러니까 "나는 견딜 수 없어"라고 말하는 건 문제를 더 악화시켜요. 그건 알겠어요… 그런데 분해요. 남편을 내가 원하는 대로 할 수 없다는 게 너무 분해요. 그래서 내려놓을 수가 없어요. 아, 여기에 믿음이 하나 있군요. "나는 그걸 내려놓을 수 없다."

케이티 알아차렸군요. 아주 좋습니다.

샌드라 그런데 그걸 내려놓을 수 없다고 말할 때, 나는 그걸 내려놓을 수 없다고 나 자신에게 말하는 거고, 그렇게 해서 나는 나를 가둬 버리고 사로잡히게 하네요. 이…

케이티 이 거짓말에.

샌드라 첫 번째 거짓말은 "나는 그걸 내려놓을 수 없다"인데, 여기엔 "그는 달라야 한다"라는 또 하나의 거짓말이 있네요.

케이티 그러면서 그를 대하는 당신의 방식이 달라졌죠. "그는 달라졌다"—그게 진실인가요? 아닙니다.

샌드라 아니네요.

케이티 그래서, "그는 당신보다 더 현명하다고 생각한다"는 이야기를 내려놓을 이유가 보이나요?

샌드라 그 이야기를 내려놓으면 그걸 견딜 수도 있을 것 같아요. 내 말은, 나는 지금까지 내가 견딜 수 없다고 믿었다는 거예요. 그러니까 내 대답은 '예'입니다.

케이티 지금 자신의 얼굴이 어떤지 느껴 보세요.

샌드라 (웃으며) 훨씬 낫네요.

케이티 내면으로 들어가는 것보다 신나는 일은 아무것도 없습니다. 그들을 향해 바깥으로 나갈 때, 우리는 그들을 경멸과 분노, 냉정함으로 대합니다. 그러고는 왜 그들이 다른 사람과 있을 때 더 행복해하는지 의아해합니다. 결국, 우리는 그들에게 우리 인생을 다 주어 버리지 않나요? 인생이란! 이제 "나는 어떤 여자다"라는 이 정체성이 없다면, 당신은 누구일까요?

샌드라 나는 누구일까, 만약…

케이티 다시 읽어 보세요. 당신이 쓴 대로.

샌드라 나는 남편이 삶의 한 방식으로 마약에 빠지는 걸 그만두길, 자기가 나보다 더 현명하다고 믿는 걸 그만두길 원한다. 그러니까

이런 식으로 생각하지 않는다면 나는 누구일까, 라고 묻는 거죠?

케이티 예. 뒤바꿔 보세요. 그럼 아마 뭔가 보일 거예요.

샌드라 예. 나는 내가 삶의 한 방식으로 마약에 빠지는 걸 그만두길 원한다.

케이티 남편에게.

샌드라 나는 내가 남편에게 빠지는 걸 그만두길 원한다.

케이티 삶의 한 방식으로.

샌드라 삶의 한 방식으로. (웃음을 터뜨린다.)

케이티 그는 마리화나에 빠지고, 당신은 남편에게 빠집니다.

샌드라 삶의 한 방식으로. 맞습니다.

케이티 마리화나가, 당신의 견해에 따르면, 남편에게 어떤 작용을 하는지 떠올려 보세요. 그리고 남편에 관한 생각들이 당신의 마음에 어떤 작용을 하는지도 보세요. 누가 더 빠져 있나요?

샌드라 누가 더 빠져 있는지 모르겠어요.

케이티 좋아요. 다음 문장을 봅시다.

샌드라 나는 남편이 린다보다 나를 더 원하기를 바란다.

케이티 그게 진실인가요?

샌드라 반만 진실입니다.

케이티 그 생각을 믿을 때 당신은 어떻게 반응하나요?

샌드라 정말로 화가 납니다.

케이티 그 이야기를 내려놓을 이유가 보이나요? 그걸 내려놓으라는 말이 아닙니다.

샌드라 이 이야기를 내려놓으면 나는 낯선 곳에 남겨지게 될 거예요. 그곳에서는 내가 늘 가지고 있던 것을 잃게 됩니다.

케이티 그러면 무엇이 남나요?

샌드라 음, 나 자신이 남네요. 하지만 외로워요.

케이티 그 이야기가 당신을 미지의 장소에 남겨 두는군요.

샌드라 예, 나는 미지의 장소에 혼자 남게 돼요.

케이티 그게 진실인가요? "그러면 나는 낯선 곳에 혼자 남게 된다"—그게 진실인가요? 전에 의자에 앉아 본 적 있나요?

샌드라 예.

케이티 주변에 나무가 있었나요? 집 안이었나요? 거기가 당신이 있을 곳입니다.

샌드라 알겠어요. 그런데 심리적으로는 그곳에 있지 않습니다.

케이티 이야기가 없다면 당신은 지금 있는 곳에 있게 됩니다. 그곳은 아주 아름다운 곳입니다—어딘가에 서 있고, 앉아 있고, 아니면 누워 있는 여자. 그게 다입니다. 자신에게서 벗어나 남편의 세계에 살고 있는 여자가 아닌.

"나는 낯선 곳에 홀로 있을 것이다"—그게 진실인가요? 여기는 인간들이 사는 행성이라서 홀로 있을 수가 없습니다. 사막에서도 혼자 있을 수가 없어요. 가장 황량한 그곳이라도 도마뱀이나 선인장이 있습니다. 나는 사막에 가 보았습니다. 그것은 살아 있습니다.

죽어 있지 않아요! 당신은 혼자일 수도 없고, 낯선 곳에 있을 수도 없습니다. 이야기만이 그런 곳이 있다고 믿게 만들 뿐입니다.

샌드라 그렇군요.

케이티 당신을 떠받치고 있는 의자를 느껴 보세요. 의자는 당신이 알아차리도록 거기에 놓여 있습니다. 그리고 바닥… 여기엔 중력이 작용하고 있습니다. 놀랍죠! 그것이 당신을 떠받칩니다. 당신의 마음이 이렇게 하고, 공기도 당신을 도와줍니다. 이곳은 낯선 장소가 아니고, 당신은 혼자가 아닙니다. 여기에 관해 당신이 할 수 있는 일은 아무것도 없습니다.

샌드라 탐구는 내가 그걸 재발견하거나 경험하도록 도와주겠죠.

케이티 다시 읽어 보세요.

샌드라 나는 남편이 린다보다 나를 더 원하기를 바란다.

케이티 그 이야기가 없다면 당신은 누구일까요?

샌드라 음, 나의 경계들을 잃는 것 같아요.

케이티 당신에게는 경계들이 필요하지 않습니다. 당신은 그것들 없이도 잘하고 있습니다. 내 눈에는 당신을 공격하는 사람이 하나도 보이지 않습니다. 가끔 당신이 남편을 공격하는 말이 들릴 뿐입니다.

샌드라 예, 내가 공격해요.

케이티 당신에게 경계들이 필요하다고 투사하는 게 당연합니다. 당신이 그를 어떻게 공격하는지 보세요. 어느 날 나는 경계들이란 이기심에서 나온 행동이란 걸 알게 되었습니다. 경계들을 내려놓으라는 말이 아닙니다. 그것들과 재미있게 놀아 보세요.

샌드라 알겠어요.

케이티 좋아요, 다음 문장을 봅시다.

샌드라 남편은 린다와 열정적인 사랑에 빠졌기 때문에 행복을 찾았다고 생각해서는 안 된다.

케이티 그게 진실인가요? "그는 그렇게 생각하면 안 된다"—그게 진실인가요?

샌드라 남편이 그렇게 생각하지 않기를 원해요. 정말 그래요.

케이티 그게 진실인가요?

샌드라 그가 그렇게 생각하지 않기를 원한다는 거요? 예, 정말이에요. 안 그러길 원해요.

케이티 누가 당신의 생각을 바꿀 수 있나요?

샌드라 내가 그걸 바꿀 수는 없지만, 남편이 그러지 않기를 원해요.

케이티 그 생각을 믿을 때 어떤 느낌이 드나요?

샌드라 그러지 않길 원한다는 생각요? 전쟁을 치르는 것 같아요.

케이티 그러면 당신이 얻는 건 그 전쟁입니다. 그걸 원하나요? 그게 당신이 원하는 건가요?

샌드라 아뇨. 원하지 않아요.

케이티 아! 흥미로운 생각 작업이군요. 그래서 나는 지금 있는 현실을 사랑합니다. 나는 지금 있는 그대로를 원합니다. 당신이 방금 알아차린 걸 나도 알아차렸거든요.

샌드라 그런 식으로 느끼고 싶지 않기 때문이란 거군요.

케이티 맞아요. 나는 그걸 자기사랑이라고 부릅니다. 다시 읽어 보세요.

샌드라 남편은 린다와 열정적인 사랑에 빠졌기 때문에 행복을 찾았다고 생각해서는 안 된다.

케이티 "그는 그렇게 생각해서는 안 된다"—그게 진실인가요? 당신은 그게 진실인지 확실히 알 수 있나요? 그건 마치 나무에게 마당에 서 있으면 안 된다고 말하는 것 같군요.

샌드라 맞아요. 정말 그러네요.

케이티 그는 그렇게 생각하면 안 된다고 믿을 때, 당신은 어떻게 반응하나요?

샌드라 계속해서 위축되고 괴로워합니다. 그렇게 살아갑니다.

케이티 그 생각을 내려놓을 이유가 보이나요?

샌드라 예. (웃으며) 예, 보입니다. 그리고 이 생각을 계속 할, 기분 나쁘지 않은 어떤 이유도 못 찾겠어요.

케이티 예. 사람들이 자기의 생각을 하면 안 된다는 생각이 없다면, 당신은 누구일까요?

샌드라 음… 또 딜레마에 빠졌어요. 이 생각이 없다면 마음은 안심이 되지만, 여전히 내게 필요하다고 생각되는 바깥의 뭔가를 악착같이 붙잡으려 합니다. 만약 남편이 행복을 찾았다는 생각을 허용하면, 나 자신을 싫어하게 될 것 같아요. 나에 관해 온갖 안 좋은 생각들을 하게 될 것 같거든요. 하긴 그때는 "그게 다 진실인가?"라고 물어볼 수 있겠군요.

케이티 예, 물으면 됩니다. 그것들이 당신의 증거니까요. 그 증거들이 없다면 당신의 모든 주장이 다 허물어집니다.

샌드라 예, 그건 나의 주장이죠.

케이티 자기의 주장을 종이에 적고 질문하다 보면, 결국 어떤 증거도 남아 있지 않게 됩니다. 그런데 이건 당신이 스스로 하고 스스로 깨달아야 하는 겁니다. 그저 "아, 알겠어요"라고 말하는 것으로는 충분하지 않아요.

샌드라 생각 작업을 할 때 나는 주로 다른 사람들에 관해서 합니다. 나 자신에 관한 것들, 나를 평화롭지 못하게 하는 그 끔찍한 것들에 관해서는 탐구하지 않죠. 나도 괜찮은 사람이고 인정받을 만한 사람, 사랑받는 사람일 수 있다는 희망마저 잃게 될까 봐서요. 그래서… 지금 여기에 나온 김에, 나에 관한 걸 하나 해도 될까요? 이를테면, "나는 부족해" 같은…

케이티 (청중에게) 이분 오늘 마음을 단단히 먹은 것 같죠? 좋아요. 당신은 우리를 대신해서 우리의 생각 작업을 하고 있습니다. 당신의 부드러운 끈질김이 마음에 드는군요.

샌드라 고마워요. 많은 생각 중에서도 "나는 부족해"라는 생각이, 나보다 그녀와 있을 때 더 행복하다는 남편의 마음을 인정하지 못하게 방해하는 것 같아요. 왜냐하면 정말 그렇다면…

케이티 예. 당신의 이야기는 "남편이 그녀와 함께 있는 이유, 그녀와 함께 있을 때 더 행복한 이유는 내가 부족하기 때문이야"입니다.

샌드라 맞아요.

케이티 당신은 그게 진실인지 알 수 있나요? 당신은 그게 진실인지, 그 때문에 남편이 그녀와 함께 있는 것인지 확실히 알 수 있나요?

샌드라 음, 잠깐만요… 나는 그렇다고 믿는데, 최악인 건 내가 그렇게 믿고 싶어 하는 마음이 크다는 거예요. 나는 그렇게 믿고 싶어 하는데, 왜 그런지 모르겠어요.

케이티 그 이야기는 당신에게 '상처받은 여자'라는 정체성을 주기 때문이죠.

샌드라 예, 그건 나에게 정체성을 줍니다. 내가 생각 작업을 정말 좋아하는 이유 중 하나는, 다른 많은 방법과 달리, 다른 뭔가를 끼워 넣지 않는다는 거예요. "나는 괜찮아" 같은 걸 집어넣지 않죠.

케이티 나는 당신이 다른 뭔가를 집어넣는 것도 좋아합니다. 그것도 그저 바라볼 뿐입니다.

샌드라 알겠어요.

케이티 남편이 그녀와 함께 있을 때 더 행복한 이유는 당신이 부족하기 때문인지, 당신은 확실히 알 수 있나요?

(청중 속 남자들에게) 남자분들? 여자를 찾아다니나요? "나와 사귀는 이 여자는 부족한 사람이야. 이제 나는 다른 여자를 찾으러 다녀

야겠어"라는 생각이 들 때까지는 다른 여자를 쳐다보지도 않나요? 그런가요?

청중 속 남자들 (한목소리로) 아니요!

케이티 아니라고 하는군요. (샌드라가 웃음을 터뜨린다.) 그냥 확인해 봤어요. 여론 조사를 해 본 거죠. 자, 이 생각을 믿을 때 당신은 어떻게 반응하나요?

샌드라 아, 끔찍합니다. 끔찍해요! 너무 우울하고, 정말 기분이 안 좋아요.

케이티 부족한가요?

샌드라 예.

케이티 당신 같지 않나요?

샌드라 나 같지 않다… 예, 그 말이 맞는 것 같아요.

케이티 그리고 나서 우리는 "남편이 그렇게 만드는 거야"라고 말합니다. 하지만 그것은 거짓말입니다. 그것은 "나는 부족해"라는 탐구되지 않은 이야기에 대한 집착입니다. "나는 부족해. 내가 부족해서 남편이 그녀와 함께 있는 거야"라는 이 만트라(주문)가 없다면, 당신은 누구일까요?

샌드라 (잠시 후) 아무 생각이 없어요. 아무 생각이 없어요.

케이티 "나는 부족해"—뒤바꿔 보세요.

샌드라 나는 충분해.

케이티 이것도 진실일 수 있습니다.

샌드라 예. 이것도 진실일 수 있어요.

케이티 어떤 게 더 진실하게 느껴지나요?

샌드라 "나는 충분해"가 더 진실하게 느껴집니다.

케이티 그게 좋지 않나요? (웃음) 우리는 압니다, 알아요. 우리는 자기를 속이기 위해 다른 사람에 관한 우리의 이야기를 이용합니다. 어제 모임에서 어떤 여성이 "아버지가 그렇게 한 이유는 나 때문이 아니라는 걸 방금 깨달았어요. 그건 아버지의 이야기 때문이었어요!"라고 말하는 걸 들었는데, 당신도 들었나요?

샌드라 예.

케이티 당신의 문제도 그처럼 단순한 것일 수 있습니다. 당신도 자신의 이야기 때문에 이런저런 행동을 합니다. 당신의 이야기 때문에, 당신은 자신 같지 않은 방식으로 남편을 공격합니다. 그리고 그는 그의 이야기 때문에… 누가 알겠어요? 그것은 당신의 일이 아닙니다. 그저 자신의 이야기만 지켜보세요. 그리고 그게 옳지 않다고 느껴지면, 그 개념을 탐구해 보세요.

샌드라 맞아요. 무슨 말인지 알겠어요.

케이티 오직 마음을 만나는 마음이 있을 뿐입니다. 얼마나 대단한 추적인지요! 일단 그 추적이 끝나면, "나는 부족해"라고 말하는 마음과, 질문을 통해 나는 충분하다는 걸 알게 된 마음이 하나가 됩니다. 마음은 무한합니다. 나는 그 무한한 마음입니다. 나는 모든 것입니다. 모든 것. 그리고 거기에는 어떤 혼란도 없습니다. 분명하죠. 마음이 자기를 만난다는 것이. 질문과 답—이 둘은 다시는 따로 여행하지 않습니다. 그리고 마음은 마침내 자기가 아무것도 아니라는 걸 알게 되고, 자기를 보고 싶어 합니다. 그래서 마음의 투영은 어떤 것처럼 보이지만, 마음은 이해하게 됩니다. 자기가 아무것도 아니라는 것을…. 이런 식입니다.

자, "나는 충분하다"라는 뒤바꾸기가 어떻게 진실인지 세 가지 예를 찾을 수 있나요?

샌드라 가끔 내가 매력적이라고, 심지어 섹시하다고 느껴질 때가 있습니다.

케이티 좋아요. 두 번째 예는요?

샌드라 나는 똑똑합니다. 직업적인 일을 아주 잘합니다. 나의 그런 점이 좋아요.

케이티 세 번째 예는요?

샌드라 나는 착한 딸입니다. 좋은 친구예요… 남편을 죽이고 싶을 때만 빼고요. (청중이 웃는다.)

케이티 좋아요. 스윗하트, 다음 문장을 봅시다.

샌드라 고맙습니다.

케이티 천만에요. 이렇게 당신과 함께 앉아 있는 건 내게 특권인 걸요. 모든 건 정말 단순합니다. 그렇지 않나요?

샌드라 예, 그러네요. 남편은 자기의 행위에 죄책감을 느껴야 한다.

케이티 그게 진실인가요?

샌드라 이런 식으로 생각할 때 기분이 좋지는 않아요. 그러니까…

케이티 바로 전 문장으로 돌아가서 뒤바꿔 보세요.

샌드라 나는 남편과 열정적인 사랑에 빠졌기 때문에 행복을 찾았다고 생각해서는 안 된다… 예.

케이티 남편이 그렇게 하는 건 원하지 않으면서 정작 당신은 그렇게 하고 있네요.

샌드라 그러네요.

케이티 예. 좋습니다. "나는 그래도 되지만, 당신은 안 돼요. 그건 나한테는 효과가 있지만, 당신은 하지 마세요"라는 부분이 마음에 드는군요. 이제 다음 문장을 읽어 보세요.

샌드라 예. 남편은 늘 맑은 정신으로 나를 만날 필요가 있다.

케이티 그게 진실인가요? 그게 당신에게 필요한가요?

샌드라 아뇨.

케이티 그 이야기가 없다면 당신은 누구일까요?

샌드라 그냥 괜찮을 거예요.

케이티 그 말은 마치 "그가 마리화나를 피우지 않으면, 그는 그녀보다 나를 더 좋아할 거야"라는 말로 들립니다. 당신은 그게 진실인지 확실히 알 수 있나요? (샌드라가 웃는다.)

샌드라 예. 왜냐하면 그가 마리화나를 끊게 되면 제정신으로 돌아올 테니까요. (청중이 웃는다.)

케이티 그 생각을 믿을 때 당신은 어떻게 반응하나요? 그가 마리화나를 끊으면 당신을 선택할 것이라고 믿을 때, 당신은 그를 어떻게 대하나요?

샌드라 음, 독선적이고 질책하는 태도를 보입니다. 모든 걸 다 아는 듯한 태도로… 아, 그런 상태의 나는 전혀 매력적인 여자가 아니네요. 그이에게도, 나 자신에게도.

케이티 예. 남편이 당신을 바라볼 때, 그는 당신이 당신 자신에 대해 느끼는 것을 그대로 당신에게 반사합니다. 그가 미소를 지으면, 당신은 그 웃음이 어떤 의미인지 내면에서 느끼는 대로 인식합니다.

샌드라 예.

케이티 그 이야기를 내려놓을 이유가 보이나요?

샌드라 예.

케이티 그 이야기를 계속 간직할, 스트레스 주지 않는 이유를 찾아보세요. 이 이야기를 당신 삶에 쓸모 있는 도구로 간직할 만한 이유를 찾아보세요.

샌드라 하나도 없습니다.

케이티 이 이야기가 없다면, 남편과 함께 있을 때 당신은 누구일까요?

샌드라 마음이 아주 가벼울 거예요.

케이티 그리고 그의 선택을 존중하는 사람이겠죠. 마약을 하든 안 하든.

샌드라 사실 그건 그다지 흥미롭지 않아요. 지금 이곳이 내겐 훨씬 흥미로워요.

케이티 세상에! 한동안 탐구를 하다 보면 그 어떤 사람도 당신의 내면에서 일어나는 일과는 비할 수 없게 됩니다. 그들은 보너스일 뿐입니다. 그들은 당신을 내면으로 되돌아오게 하기 때문입니다. 분리는 없습니다. 모든 것은 당신 안에 있습니다.

샌드라 예.

케이티 그동안 우리는 잘못된 곳에서 사랑을 찾으려 했습니다. 잘못된 곳에서만. (청중이 웃는다.) 좋아요. 이제 그 문장을 뒤바꿔 봅시다.

샌드라 나는 내가 늘 맑은 정신으로 나를 만나기를 원한다. 맞아요.

케이티 또 하나의 뒤바꾸기가 있습니다.

샌드라 나는 내가 늘 맑은 정신으로 남편을 만나기를 원한다. 아름답네요.

케이티 예! 그 남자는 마약을 합니다. 그걸 분명히 보세요. 그는 그녀를 더 좋아합니다. 그걸 분명히 보세요. 그리고 당신은 맑은 정신으로 자신을 만나고 싶어 합니다.

샌드라 예.

케이티 당신에겐 자신의 연인이 있고, 그에겐 그의… 어떤 이들에겐 자기 자신과 사랑에 빠지는 것이 궁극의 사랑입니다. 그 밖의 다른 연인은 있을 수 없습니다.

샌드라 예.

케이티 우리에게 연인이 있는 것처럼 보일지라도. 다른 연인은 없습니다.

샌드라 무슨 말인지 알겠어요.

케이티 우리 몸마저도—당신이 정신이라고 부르는—이것과는 견줄 수가 없습니다. 다음 문장을 봅시다.

샌드라 남편은 착각에 빠져 있고, 행복을 밖에서 찾고 있고, 합리화하고, 접촉하지 않으며, 들떠 있고, 행복하고, 만족한다.

케이티 "그는 착각에 빠져 있다"—당신은 그게 진실인지 확실히 알 수 있나요?

샌드라 그런 생각은 나에게 독이 된다는 걸 알겠어요.

케이티 예. "그는 착각에 빠져 있다"—당신은 그게 진실인지 확실히 알 수 있나요? 내가 듣기로는 남편은 자신이 원하는 걸 분명히 아는 사람 같군요. 그는 마약을 하고 싶어 하고, 그녀를 원하고…

샌드라 그이가 착각에 빠져 있는지 어떤지 잘 모르겠어요.

케이티 그래도 괜찮지 않나요?

샌드라 내 말은, 그걸 생각하고 싶지도 않다는 거예요. 그걸 생각할 때 드는 느낌이 싫거든요. 그런데 내가 왜 생각해야 하나요?

케이티 예. 자신에게서 벗어나는 건 시간 낭비입니다. 어차피 모든 일은 지금 여기에서 일어나고 있으니까요.

샌드라 그 말은 탐구가 우리를 이곳으로 데려올 거라는 말인가요?

케이티 음, 굳이 답할 필요는 없는 것 같군요. 당신에게 그런 일이 일어나고 있으니까요. 그러니 스스로 물어보세요.

샌드라 음, 정말 그래요. 정말 그랬어요.

케이티 나는 이렇게 함께 있는 것이 좋습니다. 내가 움직이지 않으면, 당신도 움직이지 않는 내면의 자신을 맛보기 때문입니다. 그리고 탐구를 하면 당신은 그 힘을 알게 됩니다. "그게 진실인가?"라는 질문과 함께 앉아 있을 때, 그런 질문들과 함께 앉아서 내면으로 들어가고 질문자로서 움직이지 않을 때, 당신은 자신의 가능성을 알게 됩니다.

샌드라 맞아요.

케이티 어떤 사람들은 "생각 작업을 해 봤는데 효과가 없어"라고 말합니다. 당연히 효과가 없을 겁니다. 질문에 대해 정말로 정직한 대답을 하지 않으면 효과가 없기 때문입니다. 질문은 아무것도 아닙니다. 중요한 것은 '당신의 대답'입니다.

당신이 탐구하는 모습을 지켜보고 있으니 정말 기분이 좋네요. 탐구보다 못한 것에 안주하지 마세요. 당신은 우리의 가능성입니다. 다음 문장을 봅시다.

샌드라 남편은 제멋대로다.

케이티 아니요, 이전 문장으로 돌아가서 뒤바꿔 보세요.

샌드라 나는 착각에 빠져 있다. 남편이 착각에 빠져 있다고 생각할 때는.

케이티 그 순간은.

샌드라 예. 남편이 미쳤다고 생각했는데, 사실 남편을 그런 식으로 바라볼 때면 내 마음속에서도 똑같은 광기를 느낍니다.

케이티 "그는 미쳤다"—그게 진실인가요? 당신은 그게 진실인지 정말로 알 수 있나요? 마리화나를 피우는 것이 당신에게는 미친 짓으로 보이겠지만, 그게 그에게는 어떤 것일지 우리는 알 수 없습니다. "그는 미쳤다"고 믿을 때, 당신은 그를 어떻게 대하나요?

샌드라 만지기도 싫고 쳐다보기도 싫습니다.

케이티 '남편이, 혹은 이 행성의 누가 미쳤다'는 이야기가 없다면, 당신은 누구일까요?

샌드라 흐음… 모르겠어요. 이건 시간이 좀 필요할 것 같아요.

케이티 그게 좋지 않나요?

샌드라 예.

케이티 우리는 마침내 게임을 이해하게 됩니다. 왜냐하면 우리가 이 세상을 물질세계로 볼 때는 이 세상을 이해할 수가 없기 때문입니다. 하지만 마음을 탐구하기 시작하면 모든 것이 이해되기 시작합니다. 그래서 우리는 세상에 관한 우리의 생각을 탐구하고, 그럴 때 세상은 우리 안에 있게 됩니다. 나는 이것을 좋아하며, 그럴 때 균형이 잡힙니다. 그런 식으로 우리는 세상을 떠나지 않게 되고 세상을 존중하게 됩니다.

자, "그는 미쳤다"—뒤바꿔 보세요.

샌드라 남편이 미쳤다고 생각할 때, 나는 미쳤다.

케이티 예, 그 남자는 자기의 길을 가고 있습니다. 그 길엔 마리화나가 필요합니다. 그게 그의 일입니다―그는 그러기 때문입니다. 당신의 일은 마리화나를 피우지 않는 것입니다―당신은 그러지 않기 때문입니다.

샌드라 맞아요.

케이티 우리 모두에게는 각자의 일이 있습니다. 우리는 저마다 그 일을 합니다. 다른 일로 바뀔 때까지는.

샌드라 여기 앉아 있으면서 깨달은 건, 내가 스스로 혼란스러워질지 편안할지를 선택할 수 있다는 거예요. 나는 편안하고 싶어요. 지금까지는 계속해서 나 자신을 혼란스럽게 했어요.

케이티 예. 그다음 문장은요?

샌드라 남편은 행복을 밖에서 찾고 있다. 음, 분명히… (청중이 웃는다.)

남편은 합리화한다. 30분 전만 해도 이게 진짜 진실이라고 말했을 텐데, 사실 지금은 이게 진실인지 어떤지 잘 모르겠어요. 그리고 내가 분명히 그렇게 한다는 걸 알겠어요. 그동안 남편에 대해 수없이 합리화를 해 왔죠.

남편은 접촉하지 않는다. 이것도 내가 원하는 것과 관련이 있어요. 그이가 정말 접촉하지 않는지 어떤지는 잘 모르겠어요.

케이티 내겐 그가 완벽하게 접촉하는 것처럼 들립니다. 그는 마리화나를 피우고 싶어 하고, 린다와 섹스를 하고 싶어 합니다. 그는 접촉하는 사람처럼 들리네요. 당신이 뭐라고 말하고 행동하든, 그 남자는 움직이지 않습니다.

샌드라 맞습니다.

케이티 그는 아주 잘 접촉합니다. 뒤바꿔 보세요.

샌드라 나는 접촉하지 않는다.

케이티 특히 남편에 대해.

샌드라 특히 남편에 대해. 정말 그래요. 나는 그걸 회피하고 있어요. 내가 느끼기 싫어서 회피하고 있는 게 바로 그거예요. 그런데 이런 것들이 다 떨어져 나가도 우리는 여전히 여기에 있지 않나요?

케이티 음, 그것들이 떨어져 나가든 남아 있든, 우리는 여전히 여기에 있습니다. 그런데 여기에 있는 길은 두 가지가 있습니다. 하나는 자신이 옳다고 느끼면서 있는 것이고, 다른 하나는 우리가 들여다본 대로 느끼면서 있는 것이죠.

샌드라 예.

케이티 그러니까 남편이든 누구든 그와 함께 있는 길에도 두 가지가 있습니다. 계속해 보시죠.

샌드라 남편은 들떠 있다. 나는 들떠 있다. 나는 사실… 맞아요. 남편은 행복하다. 나는 행복하다… 맞습니다. 남편은 만족한다. 나는 만족한다. 이것도 맞아요. 그래요, 정말 그래요. 그냥 진실이 알려지게 하면 되는 거네요.

케이티 당신이 진실을 만나서 기쁩니다. 그것이 진정한 전쟁의 끝입니다. 다음 문장을 봅시다.

샌드라 나는 남편이 린다를 더 좋아하는 걸 다시는 보고 싶지 않다.

케이티 "나는 기꺼이…"

샌드라 나는 기꺼이 남편이 린다를 더 좋아하는 걸 보겠다.

케이티 "나는 고대한다…"

샌드라 나는 남편이 린다를 더 좋아하기를 고대한다?

케이티 예, 왜냐하면 그것은 당신에게 남아 있는 망상이 무엇인지 보여 줄 테니까요. 그리고 그것은 당신이 사랑하는 곳, 자기 자신과 자유로 당신을 데려갈 테니까요. 남편이 린다와 있는 유일한 이유는 그것입니다.

샌드라 와!

케이티 당신이 자유로워질 때까지 그는 그렇게 해야만 합니다. 그리고 그런 상황에서도 당신이 괜찮으면, 그 일은 끝납니다. 그러니 고대하세요. 훌륭한 생각 작업이었어요.

샌드라 감사합니다.

케이티 진실하게 느껴지는 내면의 자리에 가는 법을 아는 건 참 기쁜 일이죠.

샌드라 고마워요, 케이티.

맺는말

캐롤 윌리엄스

이 책이 한동안 생각 작업(The Work)을 해 본 독자들에게는 새로운 탐구 방법들을 알아차리는 데 도움이 되기를, 생각 작업을 아직 접해 보지 않은 독자들에게는 생각 작업을 시작해 보는 데 도움이 되기를 바란다.

생각 작업을 처음으로 시도해 보고 싶은 독자라면, 우선 바이런 케이티 홈페이지(www.thework.com)에서 양식을 내려받거나, 부록에 첨부한 양식을 복사하기 바란다. 다음에는 지금 자신을 불행하게 만드는 생각을 발견한 뒤, 양식에 자유롭게 써 보면 된다.

 사소하지만 짜증나게 하는 문제들로 시작하는 것이 가장 좋을 때가 많다. 청소년들이나 이웃집 사람들은 아주 좋은 생각 작업의 소재들이다. "그 애는 방을 깨끗이 치워야 해." "그들은 좀 더 남들을 배려해야 해." 아니면, 가장 고통스러운 생각, 떠올리기도 싫은 생각으로 바로 들어가서 작업하는 것이 가장 좋을 수도 있다.

이 책의 대화들이 보여 주듯이, 당신을 가장 고통스럽게 하는 생각은 당신이 처음 짐작했던 생각이 아닐 때도 있다. 계속 질문하고 대답하다 보면, 탐구해 볼 만한 다른 생각들이 드러날 것이다. 그 생각들을 알아차린 뒤, 종이에 적어 놓고 나중에 질문해 보라. "그게 진실인가? 나는 그게 진실인지 확실히 알 수 있는가? 그 생각을 믿을 때 나는 어떻게 반응하지? 그 생각이 없다는 나는 누구일까?" 다음에는 그 생각을 뒤바꾸고, 그 뒤바꾸기가 어떻게 당신의 삶에 진실한지 세 가지 예를 찾아보라.

믿을 만한 친구와 함께 생각 작업을 하면서 그 친구로 하여금 당신에게 질문을 하게 하는 것도 좋다. 다음에는 친구와 역할을 바꿔서 당신이 친구에게 질문을 해 보라. 어떤 사람들은 혼자서도 생각 작업을 잘한다. 중요한 것은 생각 작업을 천천히 하는 것이다. 케이티가 이 책에서 종종 반복해서 말하는 것처럼, 생각 작업은 명상이다. 추측을 하거나 이미 안다고 생각하는 대신, 조용히 대답을 기다려 보라.

생각 작업이 좋은 점은, 한동안 생각 작업을 하다 보면 나중에는 생각 작업이 스스로 이루어진다는 것이다. 그러면 진실하지 않은 생각을 믿기가 점점 더 힘들어진다. 이것이 가져다주는 자유와 행복은 삶의 모든 부분에 구석구석 스며들 것이다.

| 부록 |

다음에 나오는 '이웃을 판단하는 양식'(양식)은 참가자들이 케이티와 대화를 하기 전에 작성하는 것이다. 이 양식은 집에서 혼자 하든 친구와 하든, 생각 작업을 하기 위해 작성하는 것이기도 하다. 방법은 간단하다.

양식의 빈 란에는, 당신이 아직 백 퍼센트 용서하지 못한 사람(살아 있는 사람, 혹은 죽은 사람)에 관해 쓴다. 짧고 간단한 문장을 이용하라. 자신을 검열하지 말고 솔직하게 써 보라. 그리고 마치 그 상황이 바로 지금 일어나고 있는 것처럼 여기며 화나 고통을 온전히 경험해 보라. 당신의 판단들을 종이에 표현하는 기회로 삼아 보라. 케이티는 그녀의 책 《네 가지 질문》에서 이 과정을 자세하게 설명한다.

'생각 작업'의 첫 단계는 당신을 힘들게 하는 사람이나 상황에 대한 판단을 종이에 쓰는 것입니다. 당신에게 스트레스를 주는 과거, 현재, 미래의 상황에 관해, 그리고 당신을 화나게 하거나 슬프게 하거나 두렵게 하는 사람, 애증의 감정이 엇갈리는 사람, 당신이 싫어하거나 염려하는 사람에 관해 쓰세요. 생각하는 그대로 솔직하게 쓰기 바랍니다.

이 일이 어렵게 느껴져도 이상할 것은 없습니다. 우리는 수천 년 동안 남을 판단하지 말도록 교육받았기 때문입니다. 그러나 이제는 직시합시다. 여전히 우리는 끊임없이 남을 판단합니다. 진실은, 우리의 머릿속에서는 남에 대한 판단이 멈추지 않는다는 것입니다. 우리는 '생각 작업'을 통해서 그런 판단들이 마침내 종이에 있는 그대로 표현될 수 있도록 허용합니다. 그리고 가장 역겨운 생각들까지도 조건 없는 사랑과 만날 수 있다는 것을 알게 됩니다.

처음에는 아직 완전히 용서하지 못한 사람에 관해 쓰기를 권합니다. 그 사람은 부모나 애인일 수 있고, 적일 수도 있습니다. 이곳은 가장 효과적으로 시작할 수 있는 자리입니다. 비록 그 사람을 99퍼센트 용서했다고 해도, 완전히 용서하기 전에는 당신은 자유롭지 않습니다. 아직 용서하지 않은 나머지 1퍼센트는 당신이 맺고 있는 (자기 자신과의 관계를 포함하여) 모든 관계에서도 똑같이 갇혀 있는 바로 그 자리입니다.

'생각 작업'을 처음 접하는 분이라면 처음에는 자기 자신에 관해 쓰지 않기를 간곡히 권합니다. 처음부터 자기를 판단하게 되면, 질문에 대한 대답은 어떤 동기를 갖게 되거나, 아무 소용이 없던 해결책을 내세우게 됩니다. 먼저 다른 사람을 판단하고, 질문하고, 뒤바꾸는 것은 참된 이해를 향해 곧장 가는 길입니다. 충분히 오랜 기간 질문하여 진실의 힘을 신뢰하게 된 뒤에는 자기를 판단해도 좋습니다. 처음 시작할 때 비난하는 손가락으로 바깥을 가리키면, 초점은 자기에게 맞추어져 있지 않습니다. 그러면 편안한 마음으로 가감 없이 자기의 대답을 들을 수 있습니다. 우리는 다른 사람에게 무엇이 필요한지, 그들이 어떻게 살아야 하는지, 그들이 누구와 함께 살아야 하는지를 안다고 굳게 믿는 경우가 많습니다. 우리의 시력은 다른 사람을 볼 때는 좋은 편이지만 자기 자신을 볼 때는 그렇지 않습니다.

'생각 작업'을 하다 보면 당신이 다른 사람을 어떻게 생각하는지 알게 되고, 이를 통해 자신이 어떠한지 알게 됩니다. 그리고 마침내 자기 바깥의 있는 모든 것이 자기 생각의 반영임을 알게 됩니다. 당신은 이야기꾼이자, 모든 이야기를 바깥으로 투사하는 사람이며, 세상은 당신의 생각들이 투사된 이미지입니다.

태초부터 사람들은 행복해지기 위해 세상을 바꾸려고 노력했지만, 이 시도는 한 번도 성공한 적이 없습니다. 문제에 거꾸로 접근하기 때문입니다. 우리가 '생각 작업'을 통해 배우는 것은, 투사된 대상이 아니라 투사하는 영사기(마음)를 바꾸는 방법입니다. 이것은 영사기 렌즈에 보풀이 있는 거친 헝겊을 대고 있는 것과 같습니다. 우리는 스크린에 흠집이 있다고 생각하고서, 흠집이 있는 것으로 보이는 사람을 모조리 바꾸려고 애씁니다. 하지만 투사된 모습들을 바꾸려 애쓰는 것은 부질없는 일입니다. 거친 헝겊이 어디에 있는지를 바르게 깨닫는다면, 영사기의 렌즈를 깨끗이 할 수 있습니다. 그러면 고통이 끝나고 천국에서의 작은 기쁨이 시작됩니다.

"왜 다른 사람을 판단해야 하죠? 모든 게 내 문제라는 걸 이미 알고 있는데요"라고 말하는 사람들이 있습니다. 그러면 나는 이렇게 얘기합니다. "이해합니다. 하지만 이 과정을 신뢰해 주세요. 먼저 다른 사람을 판단하세요. 그리고 간단한 안내를 따르세요." 다음은 우리가 '생각 작업'을 해 보고 싶을 수 있는 대상들의 예입니다 — 어머니, 아버지, 아내, 남편, 자녀, 형제자매, 애인, 이웃, 친구, 적, 룸메이트, 직장 상사, 선생, 종업원, 동료, 팀원, 판매 사원, 고객, 남자, 여자, 정부 기관, 신. 대상이 사사로울수록 더 효과적인 '생각 작업'이 이루어질 수 있습니다.

'생각 작업'에 숙달된 뒤에는 죽음, 돈, 건강, 몸, 중독, 그리고 자기비판 같은 주제에 대한 판단들에 관해서도 살펴볼 수 있습니다. 당신이 준비되기만 하면 마음속에 나타나는 어떤 불편한 생각들에 관해서도 쓰고 질문할 수 있습니다. 스트레스를 느끼는 모든 순간들은 자유를 가리키는 선물이라는 것을 깨달을 때, 삶은 모든 한계를 넘어 더없이 친절하고 풍성해집니다.

| 이웃을 판단하는 양식 |

* 이웃을 판단하세요 · 종이에 적으세요 · 네 가지 질문을 하세요 · 뒤바꾸세요 *

1. 당신을 화나게 하거나 슬프게 하거나 실망시키는 사람은 누구인가요? 왜 그런가요?

_____
_____
_____

(예: 나는 폴에게 화가 난다. 왜냐하면 그는 내 말에 귀를 기울이지 않기 때문이다. 그는 나를 존중하지 않기 때문이다.)

2. 당신은 그 사람이 어떻게 바뀌기를 원하나요? 그 사람이 어떻게 하기를 원하나요?

_____
_____
_____

(예: 나는 폴이 잘못하고 있다는 것을 알기 원한다. 나는 폴이 사과하기를 원한다.)

3. 그 사람이 해야 하거나 하지 말아야 할 것들(행위, 태도, 생각, 감정 등)은 무엇인가요? 당신은 그 사람에게 어떤 조언을 해 주고 싶나요?

_____

_____

_____

(예: 폴은 자기를 더 잘 보살펴야 한다. 폴은 나와 말다툼을 하지 말아야 한다.)

4. 당신이 행복하기 위해 그 사람이 할 필요가 있는 것은 무엇일까요?

_____

_____

_____

(예: 폴은 내 말을 경청하고 나를 존중할 필요가 있다.)

5. 당신은 그 사람을 어떻게 생각하나요? 목록을 만들어 보세요.

_____

_____

_____

(예: 폴은 정직하지 않다. 폴은 부주의하다. 폴은 유치하다. 폴은 무책임하다.)

6. 당신이 그 사람과 다시는 경험하고 싶지 않은 것은 무엇인가요?

_____

_____

_____

(예: 나는 앞으로 다시는 폴과 말다툼하고 싶지 않다. 나는 앞으로 다시는 폴의 거짓말에 속고 싶지 않다.)

네 가지 질문:

1. 그게 진실인가요?
2. 당신은 그게 진실인지 확실히 알 수 있나요?
3. 그 생각을 믿을 때 당신은 어떻게 반응하나요?
4. 그 생각이 없다면 당신은 누구일까요?

뒤바꿔 보세요.
(각각의 뒤바꾸기가 당신의 삶에 진실한 세 가지 이유를 찾아보세요.)

옮긴이 임수정

더유센터 대표. 생각 작업 상담가(Facilitator of The Work). 2008년 10월, 미국 LA에서 열린 '생각 작업 스쿨'에 처음 참가하였고, 2008년 12월부터는 '공인 생각 작업 상담가 과정'을 이수하고 있다. 2010년 10월에는 스태프로 생각 작업 스쿨에 두 번째로 참가하였다.
2008년부터 현재까지 꾸준히 '생각 작업'을 하면서 내면을 들여다보고 있으며, 이 과정에서 고통이라고 믿었던 수많은 문제들이 자연스럽게 사라지는 놀라운 경험을 하게 되었다. 국내 최초로 공인 작업 상담가 과정을 이수하고 있고, 지금까지 다양한 문제들로 고민하는 국내외 사람들에게 생각 작업 상담을 제공하고 있다.
전 세계 많은 사람이 경험하고 있는 '생각 작업'의 놀라운 효과를 더 많은 이들과 공유하고자, 국내 유일의 생각 작업 치유 전문센터 '더유센터'(www.theucenter.co.kr)를 운영하고 있다.

그 생각이 없다면, 당신은 누구일까요? ①

초판 1쇄 발행일 2013년 11월 15일
　　3쇄 발행일 2024년 7월 3일

지은이 바이런 케이티
옮긴이 임수정

펴낸이 김윤
펴낸곳 침묵의 향기
출판등록 2000년 8월 30일, 제1-2836호
주소 10401 경기도 고양시 일산동구 무궁화로 8-28
　　　　삼성메르헨하우스 913호
전화 031) 905-9425
팩스 031) 629-5429
전자우편 chimmukbooks@naver.com
블로그 www.chimmuk.com

ISBN 978-89-89590-40-8 03840

* 책값은 뒤표지에 있습니다.